周国平 著

2／传承高贵

周国平论教育

Zhou Guoping Lun Jiaoyu
Chuancheng Gaogui

大夏书系·名家谈教育

华东师范大学出版社
全国百佳图书出版单位

目　录

第三辑　童心和童年

第四辑　如何做父母

第五辑　我心目中的好教师

第六辑　我看道德教育

第七辑　讲演辑录

序

华东师范大学出版社于 2009 年 7 月出版《周国平论教育》一书，迄今已五年。现在该书再版，出版方嘱我把其后关于教育的文字也整理出来，另出一册，两册书的副题分别为"守护人性"和"传承高贵"。守护人性，传承高贵——这两个短句概括了我对教育之使命的认识。在前一册的序里，我已对"守护人性"做了阐释，这里着重阐释"传承高贵"的涵义。

关于教育的使命，可以有种种不同的表述。但是，在我看来，无论怎么表述，出发点都应该是对人类生活和个人生活的目标的定位。在谈教育之前，我们首先要确定，对于人类和个人来说，怎样的生活状态是值得追求的。做这个判断当然不是根据某种抽象的理想，因为我们已经拥有几千年的人类文明史，而对某个值得追求的目标的不懈追求是这部文明史中的事实。人类历史上曾经产生过一些伟大人物，不论他们属于哪个民族，共同的目标是人性的进步，使人性中的高贵成分得到发展，使人类臻于美好和完善。借用《圣经》中的比喻，上帝是按照自己的形象造人的，那么，在自己身上守护上帝的形象，让人的精神性得到印证，便是人的职责。这就是高贵，而高贵是一种精神血脉的传承，教育的使命——使命中的本质部分——即在其中。

天生万物，唯独人有能思考真理的头脑，能感受美和崇高的心灵，能追求至善和永恒的灵魂，因为这些精神性的品质，人才成其为万物之灵。为了生存和发展，人需要改变外部世界，从事物质生产，因此积累了实用性的知识。在教育中，知识的学习是一个必要部分。然而，如果脱离人类精神性品质的传承，只是传授实用性知识，这样的教育就是把人引向与万物之灵相反的方向，使之成为万物中平庸的一员，至多是生存技能高超的一个动物罢了，因而不配称作教育，只配称作谋生训练。真正的教育理应使人在知识面前保持头脑的自由，在功利世界面前保持心灵的丰富，在物质力量面前保持灵魂的高贵。

这就对学校和教师提出了很高的要求。我们总是在考核学生，英国哲学家怀特海说得好，首先应该考核的不是学生，而是学校。要在学生心中传承高贵，必须让他们经常目睹高贵，因此一所学校必须拥有相当数量的教师，他们身上真正体现了高贵。他们的作用，一是作为高贵的榜样，对学生发生潜移默化的熏陶；二是在教学中善于把知识的传授和文化的传播结合起来。教师自己应该是一个有文化底蕴的人，不论他教什么课，都能把文化底蕴带入所传授的知识中。事实上，一个没有文化底蕴的教师，他讲课一定是单调刻板的，在知识的传授上也是效果甚差。在这方面，学生是最公正的裁判，他们本能地喜爱有激情和想象力的老师，讨厌照本宣科的教书匠。你自己充满对精神事物的热情，才能在学生身上点燃同样的热情。

有两个传承高贵的圣殿，一是优秀教师的课堂，二是摆满大师作品的图书馆。那些伟大的书籍记录了人类精神追求的传统，通过阅读它们，你就进入了这个传统。所以，一所好的学校，第一要有一批好的教师，第二要给学生留出自由时间，鼓励和引导高质量的课外阅读。其实这两点是互相联系的，一批好教师往往能带出良好的阅读风气，而唯应试是务的学校就必然剥夺学生的自由时间。对于学生来说，后一种情况是灾难，这种灾难在今天已呈普遍之势。倘若有聪明的学生来问我怎么办，我只能说，没有人能够真正阻止你去读那些伟大的书籍，而你一旦从中领悟了高贵的魅力和价值，就会明白一切代价都是值得付出的。

周国平

2014 年 6 月

第一辑

神圣的好奇心

神圣的好奇心

天生万物，人只是其中一物，使人区别于万物的是理性。动物唯求生存，而理性不只是生存的工具，它要求得比生存更多。当理性面对未知时，会产生探究的冲动，要把未知变成知，这就是好奇心。好奇心是理性觉醒和活跃的征兆。在好奇心的推动下，人类仰观天象、俯察地理、思考宇宙、探索万物，于是有了哲学和科学。动物匍匐在尘土之中，好奇心把人类从尘土中超拔出来，成为万物之灵。

也许，正是在这个意义上，爱因斯坦把好奇心称为"神圣的好奇心"。

好奇心是人的最重要的智力禀赋之一。做父母的都会发现，孩子在幼儿期皆有强烈的好奇心，对事物充满探问的兴趣。我设想，倘若人人能把幼儿期的好奇心保持到成年，世界上会有多少聪明的大脑啊。

然而，这几乎是不可能的。如同爱因斯坦所说，"神圣的好奇心"是一株脆弱的嫩苗，它是很容易夭折的。不说别人，就说这位大物理学家本人，他竟也有过好奇心险遭夭折的经历。他自己回忆，他 17 岁进入苏黎世工业大学，为了应付考试，不得不把许多废物塞进自己的脑袋，其结果是在考试后的整整一年里，他对任何科学问题的思考都失去了兴趣。鉴于这个经历，他如此感叹道："现代的教学方法竟然还没有把研究问题的神圣好奇心完全扼杀掉，真可以说是一个奇迹。"

请不要用我们今天应试教育的严酷状况去推测爱因斯坦当年的处境，事实上，他不过是一年之中考试了两次而已，而且他告诉我们，他多数时间是自由的，仅在考试前借来了同学的课堂笔记，死记硬背以应付考试。尽管如此，他的智力兴趣仍然因此受到了严重伤害。

爱因斯坦得出结论说：好奇心这株嫩苗，除了需要鼓励外，主要需要自由，强制必然会损害探索的兴趣。

大约无须再把今天中国学生——从小学生一直到研究生——所受的强制与爱因斯坦当年所受的那一点儿强制做比较了吧。学校教育当然是不能完全排除强制性考试的，区别在于它在整个教育体制中所处的地位和所占的比重。如果强制性考试成为教学主要的乃至唯一的目的、方法、标准，便是典型的应试教育，而这正是我们今天的现实。

一般来说，好奇心会随着年龄增长而递减，这几乎是一个规律，即使在最好的教育制度下恐怕也是这样。那些能够永葆好奇心的人不啻是幸存者，而人类的伟大文化创造多半出自他们之手。唯因如此，教育必须十分小心地保护好奇心，为它提供良好的生长环境。我相信，像爱因斯坦这样的天才，其强大的智力禀赋足以战胜任何不良的外部环境，但普通人就没有这么幸运了，一种坏的教育制度的杀伤力几乎是摧毁性的。尤其在基础教育阶段，好奇心这颗嫩苗正处在生长的关键期，一旦受到摧残，后果很可能是不可逆的。

在教育上，好奇心体现为学习的兴趣。所谓兴趣，其主要成分就是智力活动的快乐，包括好奇心获得满足的快乐。一个人做事是出于兴趣，还是出于强制，效果大不一样。出于兴趣做事，心情愉快，头脑处于积极主动的状态，往往事半功倍。出于强制做事，心情沮丧，头脑处于消极被动的状态，往往事倍功半。做一般的事尚且如此，学习就更是如此了。因为学习是纯粹的智力活动，如果学生在学习中不能感受到智力活动本身的快乐，学习就会是百分之百的痛苦。遗憾的是，这正是今天多数学生的状况。

情况本来不该是这样的。人有智力禀赋，这种禀赋需要得到生长和运用，原是人性的天然倾向。学生之所以视学习为莫大的痛苦，原因恰恰在于，应试教育不但不是激活，反而是压抑智力活动的，本质上是反智育的。

兴趣应该是智育的第一要素，如果不能激发起学生对知识的兴趣，就谈不上素质教育。强调兴趣在教育中的意义，绝不意味着对学生放任自流，相反，这是一个很高的要求，为此教师必须自己是充满求知兴趣的人，并且善于对学生的兴趣差异予以同情的观察，发现隐藏在其后的能力，真正因材施教。教材也必须改革，提高其智力活动的含量，使之真正能够激发学生探索和思考的兴趣。比如说，哲学教材就不能只是一些教条，而应该能真正启迪学生爱智慧。相比之下，靠重复灌输和强迫记忆标准答案奏效的应试教育真是太偷懒也太省力了，当然，同时也无比辛苦，因为这是一种低水平的简单繁重的劳动，教师自己从中也品尝不到丝毫智力乐趣，辛苦成了百分之百的折磨。

2010 年 11 月

剩下的才是教育

在论教育的名言中，我特别喜欢这一句俏皮话：忘记了课堂上所学的一切，剩下的才是教育。

爱因斯坦和怀特海都说过这个意思的话。爱因斯坦是大科学家，怀特海是大哲学家，两人都是智力活动的大师。凡智力活动的大师，正因为从自己身上亲知了智力活动的性质和规律，因此皆深通教育之真谛。他们都是出色的自我教育者，而教育的道理不过是他们自我教育经验的举一反三罢了。

据我所见，没有一个大师是把知识当作教育目标的。他们当然都是热爱知识、拥有知识的人，但是他们一致认定，在教育中有比知识重要得多、根本得多的东西，那个东西才是目标。

其实，不必大师，我们这些受过一定教育的普通人也能从自身经历中体会到这个道理。不妨回想一下，从小学到大学，学了这么多课本知识，现在仍记得的有多少？恐怕少得可怜，至少在全部内容中所占比例不会多。大致来说，能记住的东西不外乎两类，一是当时就引起了强烈兴趣因而留下了深刻印象的东西，二是后来因为不断重温而得到了巩固的东西。属于后者的，例如在生活和阅读中经常遇见的语言文字，与自己所从事的专业相关的基础知识。事实正是这样：任何具体的知识，倘若不用，是很容易忘记的，倘若需要，又是很容易在书中查到的，而用得多了，记住就是自然而然的事情了。所以，让学生把主要精力放在背诵具体的知识，既吃力又无必要，而且说到底没有多大价值。

那么，那个应该剩下的配称为教育的东西是什么呢？依我看，就是两种能力，一是快乐学习的能力，二是自主学习的能力。教育的目标，第一要让学生喜欢学习，对知识充满兴趣，第二要让学生善于学习，在知识面前拥有自由。一个学生在总体上对人类知识怀有热烈的向往和浓厚的兴趣，又能够按照自己的兴趣方向来安排自己的学习，既有积极的动力，又有合理的方法，他就是一个智力素质高的学生。这样的学生，日后一定会自己不断地去拓展知识的范围，并朝某一个方向纵深发展。

学习是一辈子的事，学校教育仅是一生学习的开端，即使读到了研究生毕业，情况仍是如此。然而，我们看到的现实是，许多人一走出校门，学习就停止了，此后最多是被动地接受一些职业的培训。检验一个人的学校教育是否合格，最可靠的尺度是看他走出校门后能否坚持自主学习。大学是培养知识分子的地方，可是，一个人取得了本科乃至研究生的学历和文凭，并不就算是知识分子了。唯有真正品尝到了智力活动的快乐，从此养成了智力活动的习惯，不管今后从事什么职业，再也改不掉学习、思考、研究的习惯了，这样一个人，我们方可承认他是一个知识分子。我如此定义知识分子：一个热爱智力生活的人，一个智力活动几乎成了本能的人。这个意义上的知识分子与文凭和职业无关。据我所见，各个领域里的有作为者，都一定是自觉的终身学习者和思考者。

当然，在学校里，具体知识的学习仍有相当的重要性，问题是要摆正其位置，使之服从于培养智力活动习惯这个主要目标。在这一点上，中学阶段的任务格外艰难。怀特海如此划分智力发展的阶段：小学是浪漫阶段，中学是精确阶段，大学是综合运用阶段；小学和大学都自由，中学则必须是自由从属于纪律。在全世界，中学生和中学老师都是最辛苦的，因为无论从年龄的特征来说，还是从教学的顺序来说，中学都是最适合于奠定文理知识基础的阶段，知识的灌输最为密集。但是，唯因如此，就更有必要十分讲究教材的编写和教学的方法，以求最大限度地引发学生学习和思考的兴趣。

怀特海说，在中学，学生伏案于课业，进了大学，就要站起来环顾周围了。是的，大学是自由阶段。那么，像我们这样，学生在中学里被应试的重负压得喘不过气，现在终于卸下重负，可以尽兴地玩了，这就是自由吗？显然不是。怀特海说的自由，是指在大学的学习中，具体知识退居次要地位，最重要的是透彻理解所学专业的原理——不是用文字叙述的原理，而是渗透入你的身心的原理。知识的细节消失在原理之中，知识的增长成为越来越无意识的过程。这是一个饱满的心智在某个知识领域里的自由，其前提正是对人类知识的一般兴趣和对所学专业的特殊兴趣。倘若一个学生没有这两种兴趣，只是凭考分糊里糊涂进了某个专业，他当然与这样的自由无缘了。

最后回到那句名言，我们可以说：假如你忘记了课堂上所学的一切，结果是什么也没有剩下，你就是白受了教育。想一想我们今日的教育，白受了教育的蒙昧人何其多也。当然，责任不在学生，至少主要不在学生。

2011 年 3 月

思考比知道重要

　　人的理性能力是天赋的，在幼儿期，这个能力觉醒了并且迅速活跃起来了。早晨是人一天中精神最好的时候，幼儿期就是人的理性能力的早晨，是人一生中智力生长的黄金时段。

　　人的智力素质中，最重要的因素是好奇心、注意力、观察力、思考力、理解力、想象力等等，而这些因素实际上是互相勾连、同生共长、相辅相成的，其间并无明确的界限。说到底，根子只是一个，就是天赋的理性能力，它们都是理性能力活跃的不同表征。因此，最根本的智力教育就是提供一个良好的环境，足以鼓励、促使、帮助孩子的理性能力保持在活跃的状态。做到了这一点，上述各种智力因素的蓬勃生长完全是自然而然的事。

　　在智力教育中，最不重要的是知识的灌输。当然可以教孩子识字和读书，不过，在我看来，这至多是手段，决不可当作教育的目标和标准，追求孩子识多少字和背多少古诗，甚至以此夸耀，那不但可笑，而且可悲。教授知识的方法是否正确，究竟有无价值，完全要看结果是激发了还是压抑了孩子的求知兴趣。活跃的理性能力是源头，源头通畅，就有活水长流，源头干涸，再多的知识也只是死水。

　　对于孩子的智力教育，我不是一个很用心思的家长，没有什么周密的计划。不过，我比较有心，会留意孩子的智力闪光，及时给予赞扬和肯定。事实上，幼儿理性觉醒的能量是非常大的，一定会有好奇、多问、爱琢磨等表现，所需要的只是加以鼓励，给她（他）一个方向，使她（他）知道这些都是好品质，从而满怀信心地继续发扬。在我看来，倾听、重视、鼓励孩子的发问，和孩子进行平等的讨论，培养孩子独立思考的兴趣和能力，是父母在孩子的智力教育方面所能做的最有价值的工作。相反，倘若对于自然生长的智力品质视而不见，却另外给她（他）规定一套人为的标准，她（他）在智力发展的路上就难免左右失据、事倍功半了。

　　我在女儿智力教育方面所做的主要事情，就是重视她的发问、疑惑和思考，和她进行平等的讨论。也许有人会认为这不算智力教育，不妨见仁见智，反正在我的概念中，没有比和孩子一起讨论她所感兴趣的问题更重要的智力教育了。作为一个父亲，我深感童言有真知，我从女儿那里受到的启发绝不亚于我给她的帮助。在智力的层面上，父母和孩子之间决非单向传授的关系，而是一个充满乐趣的互动过程。

（摘自《宝贝，宝贝》第三卷）

儿童与哲学

经常有人问我：要不要让孩子学哲学？几岁开始学比较好？我总是反问：让孩子学哲学？有这个必要吗？孩子都是哲学家，应该是我们向他们学！这不只是戏言，凭借亲自观察，我深信儿童与哲学之间有着天然的亲和性，和大多数成人相比，孩子离哲学要近得多。在有些人眼中，孩子与哲学似乎不搭界，那是因为他们既不懂孩子，严重地低估了孩子的心智，也不懂哲学，以为哲学只是一门抽象的学问，对两方面都产生了误解。

有心的父母一定会注意到，儿童尤其幼儿特别爱提问，所提的相当一部分问题是大人回答不了的，原因不是缺乏相关知识，而是没有任何知识可以用作答案。这样的问题正是不折不扣的哲学问题。哲学开始于惊疑，孩子心智的发育进入旺盛期，就自然而然地会对世界感到惊奇，对人生产生疑惑，发出哲学性质的追问。宇宙是有限的还是无限的，神是否存在，世界是不是神创造的，人出生前在何处，死后去往哪里，对于世界和人生的这些大谜，孩子很早就会感到困惑。人类世世代代的天问，在一个孩子的头脑中苏醒了。一个孩子的天问没有答案，一切天问都没有答案。然而，因为这些天问，人类成为太阳系中唯一的爱智造物。也因为这些天问，一个孩子走上了人类的爱智轨道。

清新活泼的儿童心智与陌生新鲜的大千世界相遇，这是人类精神的永恒的灿烂现象，但在每个人一生中却又是稍纵即逝的短暂时光。所以，如果说"学"哲学，儿童期正是"学"哲学的机不可失的黄金时期。不过，所谓"学"

完全不是从外面给孩子灌输一些书本上的知识，而是对孩子自发表现出来的兴趣予以关注、鼓励和引导。

对于孩子的哲学性质的提问，聪明的大人只需要做两件事：第一是留意倾听他们的问题，第二是平等地和他们进行讨论。要让孩子感到，他想的问题是重要的、有价值的，他能够想这样的问题证明他聪明、会动脑子。同时，不妨提一些可供参考的观点，但一定不要做结论，因为真正的哲学问题是没有结论的，一做结论就必定简单化因而必定错误。

相反的态度是麻木不仁，充耳不闻，或者用一个简单的回答把孩子的提问打发掉，许多孩子的哲学悟性正是这样在萌芽阶段就遭扼杀了。我经常听到，当孩子对死亡表示困惑时，大人就给他讲一些大道理，什么有生必有死呀，人不死地球就装不下了呀，我听了心中就愤怒，因为他们居然认为用这些生物学、物理学的简单道理就可以打发掉孩子灵魂中的困惑，尤其是他们居然认为孩子灵魂中如此有价值的困惑应该被打发掉！

凡真正的哲学问题都没有终极答案，更没有标准答案。孩子一旦开始想这类问题，你不要急于让孩子想通，事实上也不可能做到。宁可让他知道，你也还没有想通呢，想不通是正常的，咱们一起慢慢想吧。一定有人会问：既然如此，让孩子思考这种问题究竟有什么用？我只能这样回答：如果你只想让孩子现在做一台应试的机器，将来做一台就业的机器，当然就不必让他"学"哲学了。可是，倘若不是如此，你更想使孩子成长为一个优秀的人，哲学就是"必修课"。通过对世界和人生的那些既"无用"又"无解"的重大问题的思考，哲学给予人的是开阔的眼光、自由的头脑和智慧的生活态度，而这些品质必将造福整个人生。

当然，要做孩子够格的哲学"同伴"，大人必须提高自己。如果大人自己对哲学是陌生的，头脑中很少有真正哲学性质的思考，对孩子的哲学性质的提问当然就识别不了，更不可能给予鼓励和展开讨论了。因此，我的建议是，无论家长还是老师，都应该对自己进行哲学启蒙，读一些哲学书籍。在这方面，一个有效方式是选择一种或若干种高水平的哲学童书，和孩子共同阅读。所谓高水平的哲学童书，其特征是既儿童又哲学，能够从儿童心理出发去捕捉那些哲学性质的疑问，把这些疑问引导到若干重大的哲学主题上来，并且使孩子对这些主题的思考始终处在开放的状态。毋庸置疑，和孩子共读这样的书，对于大人自己也是一个学习哲学思考和提高哲学素养的过程。

2010 年 12 月

让小柏拉图结识大柏拉图
——"小柏拉图"丛书总序

　　我喜欢这套丛书的名称——"小柏拉图"。柏拉图是西方哲学的奠基者，他的名字已成为哲学家的象征。小柏拉图就是小哲学家。

　　谁是小柏拉图？我的回答是：每一个孩子。老柏拉图说：哲学开始于惊疑。当一个人对世界感到惊奇，对人生感到疑惑，哲学的沉思就在他身上开始了。这个开始的时间，基本上是在童年。那是理性觉醒的时期，好奇心最强烈，心智最敏锐，每一个孩子头脑里都有无数个为什么，都会对世界和人生发出种种哲学性质的追问。

　　可是，小柏拉图们是孤独的，他们的追问往往无人理睬，被周围的大人们视为无用的问题。其实那些大人也曾经是小柏拉图，有过相同的遭遇。一代代小柏拉图就这样昙花一现了，长大了不再想无用的哲学问题，只想有用的实际问题。

　　好在有幸运的例外，包括一切优秀的科学家、艺术家、思想家等等，而处于核心的便是历史上的大哲学家。他们身上的小柏拉图足够强大，茁壮生长，终成正果。王尔德说："我们都生活在阴沟里，但我们中有些人仰望星空。"这些大哲学家就是为人类仰望星空的人，他们的存在提升了人类生存的格调。

　　对于今天的小柏拉图们来说，大柏拉图们的存在也是幸事。让他们和这些大柏拉图交朋友，他们会发现自己并不孤独，历史上最伟大的头脑都是他们的同伴。当然，他们将来未必都成为大柏拉图，这不可能也不必要，但是若能在未来的人生中坚持仰望星空，他们就会活得有格调。

我相信，走进哲学殿堂的最佳途径是直接向大师学习，阅读经典原著。我还相信，孩子与大师都贴近事物的本质，他们的心是相通的。让孩子直接读原著诚然有困难，但是必能找到一种适合孩子的方式，让小柏拉图们结识大柏拉图们。

这正是这套丛书试图做的事情。全书共10册，选择10位有代表性的大哲学家，采用图文并茂讲故事的方式，叙述每位哲学家的独特生平和思想。这几位哲学家都足够伟大，在人类思想史上发生了巨大而深远的影响，同时也都相当有趣，各有其鲜明的个性。为了让读者对每位哲学家的思想有一个瞬间的印象，我各选一句名言列在下面，作为序的结尾，它们未必是丛书作者叙述的重点，但无不闪耀着智慧的光芒。

苏格拉底：未经思考的人生不值得一过。

第欧根尼：不要挡住我的阳光。

伊壁鸠鲁：幸福就是身体的无痛苦和灵魂的无烦恼。

笛卡尔：我思故我在。

莱布尼茨：世界上没有两片完全相同的树叶。

康德：最令人敬畏的是头上的星空和心中的道德律。

卢梭：出自造物主之手的东西都是好的，一到了人的手里就全变坏了。

马克思：真正的自由王国存在于物质生产领域的彼岸，这就是作为目的本身的人的能力的发展。

爱因斯坦：因为知识自身的价值而尊重知识是欧洲的伟大传统。

海德格尔：在千篇一律的技术化的世界文明时代中，人类是否和如何还能有家园？

2013 年 8 月

母语是教育的起点

——《咬文嚼字》2012 年合订本序

尼采曾经指出：母语是"真正的教育由之开始的最重要、最直接的对象"，良好的母语训练是"一切后续教育工作"的"自然的、丰产的土壤"；教师应当使学生从少年时代起就严肃地对待母语，"对语言感到敬畏"，最好还"对语言产生高贵的热情"。我完全赞同他的见解。

教育是心智成长的过程，而母语是心智成长最重要的环境之一。母语就好比文化母乳，我们在母语的滋养下学会了思考、表达和交流。虽然后续教育有不同领域和学科之分，但一切教育的基本要求是正确地读、想和写，而这种正确性正是通过良好的母语训练打下基础的。认真对待语言，力求准确地使用每一个词，这不仅是为了避免他人的误解，更是对待心智生活的严肃态度。不能想象，一个对写给别人看的文字极其马虎的人，自己思考时会非常认真。事实上，这种马虎恰恰暴露了他自己也不在乎所要传达的东西。相反，凡是呕心沥血于精神劳动的人，因为珍惜劳动成果，在传达时对文字往往都近乎怀有一种洁癖。

如果说文化是一种教养，那么，母语就是教养的基本功，教养上的缺陷必定会在语言上体现出来。一个语言粗鄙的人，我们会立刻断定他没文化。一个语言华而不实的人，我们也可以立刻断定他伪文化。举止上的高贵风度来自平时最一丝不苟的训练和自我训练，语言上的良好作风也是如此。不用说写公开发表的文章，哪怕是写只给某一个人看的信，只给自己看的日记，都讲究用词和语法的正确，文风的端正，不肯留下一个不修边幅的句子，如此持之以恒，良好的文字习惯就化作本能了，而这便是文字上的教养，因为教养无非是化作本能的良好习惯罢了。

各民族都拥有优秀母语写作的传统，这个传统存在于本民族的经典作品之中，它们理应成为母语学习的范本。一百多年前，尼采已经埋怨德国青少年不是向德语经典作家，而是从媒体那里学习母语，使得他们"尚未成型的心灵被印上了新闻审美趣味的野蛮标记"。如果尼采生活在今天这个网络时代，真不知他会作何感想。我本人认为，网络语文的繁荣极大地拓宽了写作普及的范围和发表自由的空间，诚然是好事，但也因此更应该警惕尼采所说的"新闻审美趣味"的蔓延。网络语文往往是急就章，因此可能导致两个后果，一是内容上的浅薄，缺乏酝酿和积累，成为即兴发泄和时尚狂欢的娱乐场；二是语言上的粗率，容易滋生马虎对待母语的习气，成为错别字和语病的重灾区。内容浅薄，语言粗率，这正是"新闻审美趣味"的两大特征，所以尼采说它"野蛮"。

当然，语言是约定俗成的，必然会在使用中有发展、有更新。我丝毫不反对语言上的创新，但是，第一，创新必须是合乎母语本身规律的，一个词的新的用法，一个句子的新的组织法，应该是对原有词法和句法的推陈出新，而非凭空生造；第二，创新能否被接受成为新的约定俗成，有待于时间的检验。有一点可以肯定，创新的前提是敬畏母语，因而对母语十分用心，有敏锐而细腻的感觉，那种哗众取宠的起哄式的所谓"创新"是闹剧，今天一哄而起，明天就会一哄而散。

"咬文嚼字"这个成语原是贬义词，把它用来做一本刊物的名字，变成了褒义词，这何尝不是一个创新呢。是的，我们不要那种脱离文本内涵死抠字眼的"咬文嚼字"，但是，讲究文字的规范性，文字对应所表达内容的准确性，为此而"咬嚼"文字，这样的"咬文嚼字"好得很，是保护母语纯洁性的善举。

2012 年 12 月

怎样通过叙事来说理

通过叙事来说理，是常用的作文方式。这样的文章容易写得概念化、一般化，究其原因，往往因为所说之"理"并非作者从亲历之"事"中感悟，而是一个抽象的东西，于是只好概念先行，根据概念编造或推演出"事"来，然后贴上"理"的标签。结果，所叙之"事"必定显得假或者空，成为所说之"理"的生硬的图解。

其实，在生活中，人人都不缺乏由"事"悟"理"的机会，就看是否有心。请看《习惯说》，刘蓉就是一个有心人。书房的地上有一个坑，开始时，他踩到那里就别扭，觉得被绊了一下，久了便习惯了，好像坑不复存在。后来，坑被填平，开始时，他踩到那里又别扭，觉得隆起了一个坡，也是久了便习惯了。一般人如果经历这样的"事"，恐怕都会有所触动，但往往不去细想。刘蓉不然，他认真思考被触动的缘由，就是习惯的力量之大，可以使人觉得坑是平地，平地是坡，于是找出了寓于"事"中的"理"，即"君子之学贵慎始"。

所以，经历某件事，如果你被触动，若有所悟，这时候就要留心。你不要停留在若有所悟的状态，而要把若有所悟变成确有所悟，想清楚所悟的究竟是什么。某个"理"业已寓于"事"之中，你要把它找出来，而且要找得准，真正是这件"事"使你所悟的那个"理"。一个人养成了这样由"事"悟"理"的习惯，借"事"说"理"就不是难事了。

第一要选取真正触动你的"事"，第二要找准你在"事"中悟到的"理"，在此前提下，写作的艺术在于"叙"。"叙"无定规，最能显出作者的水平。"叙"的关键是细节的处理，要把握好"叙"的节奏，有节制，有起伏，不妨还有悬念。"叙"好比演剧，此时"理"并不出场，但它却是始终在引导着"叙"的导演。最佳效果是，通篇是"叙"，却已经不露痕迹地把那个尚未"说"出的"理"呈现出来了，因此只需在最后"说"一句点睛的话就可以了，甚至连这句话也不必"说"了，这就好比导演只需在最后谢一下幕或者连谢幕也不必了。

2012 年 4 月

尼采反对"扩招"

　　我正在整理尼采著作的译稿，其中有一部早期著作，题为《论我们教育机构的未来》，是他在巴塞尔大学的五次公开演讲，尚无中译本，我挑一点有趣的内容说一说。

　　德国的学校长期实行双轨制，中学分为文科中学和实科中学，前者着重古典人文教育，学生毕业后可升入大学深造，后者着重职业培训，学生没有升大学的资格。到了尼采的时代，这个界限变得模糊了，主要的表现是，文科中学向实科中学看齐，大规模扩招，而这意味着大学也以相应的规模扩招，同时，在教学内容上，古典人文教育大为削弱，强化了职业培训。对于这个倾向，尼采深感忧虑，为了说明他的忧虑之所在，我引一段他的原话——

　　　普及教育是最受欢迎的现代国民经济教条之一。尽量多的知识和教育——导致尽量多的生产和消费——导致尽量多的幸福：这差不多成了一个响亮的公式。在这里，利益——更确切地说，收入，尽量多赚钱——成了教育的目的和目标。按照这一倾向，教育似乎被定义成了一种眼力，一个人凭借它可以"出人头地"，可以识别一切容易赚到钱的捷径，可以掌握人际交往和国民间交往的一切手段……按照这种观点，人们主张"智识与财产结盟"，它完全被视为一个道德要求。在这里，任何一种教育，倘若会使人孤独，倘若其目标超越于金钱和收益，倘若耗时太多，便是可恨的……按照这里通行的道德观念，所要求的当然是相反的东西，即一种速成教育，以求能够快速成为一个挣钱的生物，以及一种所谓的深造教育，以求能够成为一个挣许多钱的生物。一个人所允许具有的文化仅限于赚钱的需要，而所要求于他的也只有这么多。简言之，人类具有对尘世幸福的必然要求——因此教育是必要的——但也仅仅因为此。

人为了谋生必须学习相关的技能，这本身无可否认也无可非议，尼采反对的是把它和教育混为一谈，用职业培训取代和排挤了真正的教育。他强调："任何一种学校教育，只要在其历程的终点把一个职位或一种谋生方式树为前景，就绝不是真正的教育"，而只是一份指导人们进行生存斗争的"说明书"，相关的机构则是一些"对付生计的机构"，绝不是真正的教育机构。他心目中的真正的教育，其核心是人文教育，是精神素质的培养和文化的创造。

尼采并不反对生计机构，但要求把它和教育机构加以区分，不能把所有的学校都办成生计机构。他预言，既然文科中学和实科中学在总体目标上已经无甚区别，不久后大学也理应向实科中学的毕业生开放。他的预言在三十年后得到了应验。然而，这种应验是令他痛苦的，因为在他看来，这意味着真正的教育机构已被生计机构同化和吞并。

双轨制的取消也许是教育民主化进程的必然，这不是问题的关键所在。尼采提出的根本问题是：教育有无超出职业培训之上的更高使命？仅以谋生为目标的教育还是不是真正的教育？在教育日趋功利化的今天，这个问题更加尖锐地摆在了人们面前。

尼采还注意到了扩招产生的一个突出问题，就是教师和学生的素质大为下降。他指出，哪怕一个优秀的民族，能够胜任教育事业的人才也是相当有限的，而扩招使太多不够格的人进入了教师队伍。与此同时，大量不合格的学生也涌进了学校。在这种情况下，真正优秀的教师必然地被边缘化了，因为他们既敌不过平庸教师的数量优势，其实也最不适合于教育那些胡乱集合起来的青年。相反，平庸的教师则如鱼得水，因为他们的禀赋与多数学生的胸无大志、精神贫乏处于某种协调的关系之中。

事实上，扩招的最大受害者是学生。在学校里，"无人能够抗拒那个使人疲惫、糊涂、神经紧张、永无喘息之机的强迫性教育"。走出大学校门，等待着他们的是纠结和失败的人生。尼采生动地描绘了这种纠结和失败：走上被雇用的岗位之后，他们感到无能引导自己，于是绝望地沉浸到日常生活和劳作的世界里面；他们不甘心，企图振作起来，抓向某一个支撑物，可是徒劳；在悲凉的心情中，他们放弃了理想，准备去追求任何实际的乃至低级的利益；他们被卷入到了时代的永不停歇的骚动之中，仿佛被切割成了碎片，不再能领略那种永恒的愉悦；他们受尽怀疑、振奋、生计、希望、沮丧的捉弄，最后让缰绳松开，开始蔑视自己……

做这一组演讲时，尼采才 27 岁，距学生时代不远，但已经在巴塞尔大学做了三年教授。无论是以前作为学生，还是现在作为年轻教师，他对学校教育的状况都有切身的感受。扩招只是现象，实质是教育的功利化和真正的教育之缺失。他面对的主要听众是大学生，他寄希望于其中"被相同的感受所震荡"的少数人，呼唤他们投身教育事业，为德国教育机构的新生而奋斗。可是，在他发出这个呼唤之后，不但德国、而且全世界的教育机构都在功利化的路上走得更远了。就此而论，面对当时初露端倪的现代教育之趋势，尼采既是一位预言家，又是一个堂·吉诃德。

2011 年 9 月

功利化教育与其中的学生

——北师大《京师学人》杂志的采访

问: 近日一名高二学生在国旗下演讲时把老师"审核"后的讲稿偷换成了自己撰写的"檄文",炮轰教育制度,称学生是人而不是考试的机器。你如何看这名学生的举动?

答: 我很赞赏这位学生的勇气。事实上,现在的教育制度把学生不当人而当成考试的机器,这几乎是所有学生的同感,他只是把这个同感说了出来而已。但他说的方式令人敬佩,换了别人也会发牢骚,可是在正式场合往往会说一些言不由衷的套话,而他偏偏选择一个似乎庄严的场合说真话,把似乎庄严变成了真正庄严。

问: 身在中国,高考在所难免,您会让您的女儿走这条路吗?您是如何帮助您的女儿应对考试制度的,在其中怎样平衡应试教育和素质教育呢?您和您的女儿有代沟吗?您认为家庭教育和学校教育如何实现良性互动?

答: 现行高考制度的主要弊端有二,一是一锤定终身,二是偏重课本知识而非独立思考。因此,解决的办法,一是减轻这一锤的威力,把平时的综合成绩也列为录取的重要依据;二是在考题类型上和面试时侧重考查独立思考的能力。但是,高考改革困难重重,进展缓慢。我的女儿是否走这条路,到时候由她自己决定吧。不管她以后怎样决定,现在我都鼓励她把精力更多地用在提高素质上,对考试持平常心。考试本身已是压力,家长不应该再加压,至少要在心理上给孩子减压。每次考试前,我都会对她说:考咋样就咋样，考砸了也没关系。我觉得我们之间没有代沟，很平等，彼此能畅所欲言。家庭教育是一种潜移默化的熏陶，这一点是学校教育难以做到的。当然，关键是家长的素质，做父母意味着上帝向你提出了更高的要求，你必须提高自己的素质。好的家庭教育对于学校教育的作用有二，一是给素质教育加分，二是给应试教育减负。

问：高校招生中出现了不少学校间恶意抢生源的现象，特别是名校抢高考状元的竞争异常激烈，有人说这是学校的"面子工程"，也有人认为这给了中小学教育"以考为本"的不良示范，您怎么看这一现象？生源对于一个学校是至关重要的吗？

答：在我看来，名校抢高考状元是对自己的羞辱，因为这说明它们已经意识到了自己尽失昔日光彩，只能靠这种低级炒作来给自己贴金了。好生源当然重要，可以使大学教育有一个扎实的基础和较高的起点，但是，现在的所谓好生源是用应试成绩来衡量的，未必真好，很可能淘汰掉了一些真正有培养前途而未必擅长或愿意花力气应试的人才。衡量大学教育的水平，标准不是招进了什么样的人，而是培养出了什么样的人。我很担心，在大学尤其名牌大学急功近利的现状下，好生源也会被教坏了。

问：教育部表示就业率连续两年低于 60% 的专业应减招直至停招，怎么看高校成为职业培训所的趋势？在就业率与专业命运挂钩的形势下，冷门专业的学生应如何应对？

答：这当然是极其近视的政策。最基础的学科都是非实用的，但在人类知识的发展中起着决定作用，如果把学科的命运交给市场支配，这类专业都只能关闭。冷门专业的学生应如何应对？我觉得没什么好办法，就看你对这个专业有没有真兴趣了，有就坚守，没有就改行吧。

问：目前考研、做科研都越来越功利，甚至"保研路"成为一个尴尬而"深陷"黑幕的名词，这样的社会氛围之中，我们如何保护"学术"的"贞操"？

答：学者、教授的堕落是最触目惊心的，也是最卑鄙的，应该用法律狠狠地整治黑幕后的那些家伙。作为学生，应该自重，如果别无选择，就宁可不读研。你想一想，跟一个卑鄙的人又能学到什么。人生有两种选择，一是做人的选择，二是做事的选择，两者发生冲突时，做事服从做人。当做事是做学问时，就更应该如此，因为做学问最要紧的是做人。人的最大自由就体现在做人上，哪怕普天下男盗女娼，你仍可以做良男贞女。

问：而今学术论文的数量成为大学老师评职称的硬性指标，一讲师坦言："如果一个老师的论文不能达到数量，犹如一个人什么都好就是没有钱一样，无法生存。"怎么看待这种现象？学术的评价标准能够"量化"吗？

答：学术评价标准不能量化是一个常识，量化是教育和学术机构行政化的必然结果，因为行政当局无能评价学术，量化是唯一的也是最方便的办法。所以，关键在于去行政化，回归教育和学术机构的学术性质。

问：如今许多高校都一致追求"高、大、全"的一流名校定位，在建筑规模上扩大校区，在院系上极力扩展，甚至高校间的兼并，您认为这样有利于高校发展吗？

答：一个大学有真正懂教育的一流校长，能够感召和团结一定数量有真才实学的一流教师，从而培养出相当数量青出于蓝的一流学生，这才配称为一流名校。如今竞相通过圈地、盖楼和扩展院系来创一流名校，这只能说是中国教育的丑闻和笑柄，适足以说明现在许多校长不但不是一流，而且根本不入流。

最后，我要向你们这些提问的小记者表示敬意。你们都是低年级本科生，但所提的问题很有水平，问题本身已表明了你们对现行教育体制的清醒认识。我祝愿你们在上学期间坚持独立思考，不被环境同化，做自己命运的主人，而你们的坚持本身就会成为改善整体环境的一种力量。

2012 年 7 月

教育小语

1. 幼儿教育体现文明程度

幼儿园入园难、入园贵是一个经久不衰的热门话题。幼儿教育是人一生教育的起点，其重要性不必多说。大家讨论的结论也很明确、很一致，就是必须让幼儿园重归公益定位，政府负起责任来，大力开办公立幼儿园和扶植民办幼儿园。当然，这需要钱。谁都知道，政府不差钱，拿一些出来办幼儿教育决非难事，就看想不想了。

在任何一个文明国家，孩子的教育和福利都是最受重视的。这很自然，你是一个文明人，你在管理国家的时候，一是有人性的，必定会爱孩子，要让孩子拥有幸福的童年，二是有眼光的，知道孩子身上寄托着国家的未来，要让孩子受到良好的教育。从政府对幼儿教育是否重视，最能看出一个国家的文明程度。

2. 不可割断孩子与自然的联系

孩子天然地亲近自然，亲近自然中的一切生命。孩子自己就是自然，就是自然中的一个生命。

然而，今天的孩子真是可怜。一方面，他们从小远离自然，在他们的生活环境里，自然最多只剩下了一点儿残片。另一方面，他们所处的文化环境也是非自然的，从小被电子游戏、太空动漫、教辅之类的产品包围，天性中的自然也遭到了封杀。

我们正在从内外两个方面割断孩子与自然的联系，剥夺他们的童年。他们迟早会报复我们的！

3. 不做无趣之人

人活世上，一定要有好奇心，对世界有探究的兴趣，对人生有体验的兴趣，也一定要有自己特别的兴趣之所在，有自己真正喜欢做的事情，这样才会活得有意思，你和他相处也才会觉得有意思。一个对什么都没有兴趣的人，他自己的生活是无趣的，他作为一个人在别人眼中也是无趣的。

4. 智慧照亮知识

怀特海说，一个仅仅见多识广的人是世上最无用而讨厌的人。这也正是我的感觉。有一种人，无论在私人聚会，还是在公共场合，对任何话题都能滔滔不绝，仿佛无所不知，可是你听了会这么想：他虽然见多识广，但毫无见识。唯有智慧才能赋予知识以生命，使之成为见识。换句话说，智慧是光源，而知识是被照亮的东西。没有智慧，知识只是散落在黑暗中的碎片，散落了一地也白搭。

5. 肚子、脑子和心灵

对于饥饿者，肚子最重要，脑子不得不为肚子服务。吃饱了，肚子最不重要，脑子就应该为心灵工作了。人生在世，首先必须解决生存问题，生存问题基本解决了，精神价值就应该成为主要目标。如果仍盯着肚子以及肚子的延伸，脑子只围着钱财转动，正表明缺少了人之为人的最重要的"器官"——心灵，因此枉为了人。

民族也是如此。其情形当然比个人复杂，因为面对的是全体人民的生存问题，而如何保证其公平的解决，一开始就必须贯穿民主、正义、人权等精神价值的指导。

6. 能力的两个层次

人的能力有两个层次。第一个层次是智力的一般品质，即是否养成了智力活动的兴趣和习惯，是否爱动脑子和善动脑子。第二个层次是个体的特殊禀赋，由基因或者说先天的生理心理特性所决定，因之而具备在某个特定领域发展的潜在优势。前者好，后者才会显示出来，这是铁的规律。一个智力迟钝的人是永远不可能发现自己有什么特殊禀赋的。首先让自己的一般智力品质发育得好，在此基础上找到最适合自己特殊禀赋的领域，使自己最好的能力得到最好的运用和发展，我称之为事业。

7. 什么是知识分子

一个人仅仅有了大学本科或研究生学历，或者有了某个领域的知识，他还不能算是知识分子。依我之见，一个人唯有真正品尝到了智力生活的快乐，从此热爱智力生活，养成智力活动的习惯，一辈子也改不掉了，让他不学习不思考他就难受，这样的人才叫知识分子。

8. 今日作文教学的弊病

小学和中学都有语文课，语文课上都教学生写作文。是为了培养作家吗？当然不是，绝大多数学生将来是从事其他各种不同职业的。在基础教育阶段之所以都要学习写作，目的不在写作本身，而是为了培养真实感受、独立思考和诚实表达的能力，这种能力是一个人整体文化素质的基础和不可缺少的组成部分。今日学校里作文教学有两大弊病。第一是造假，诱导甚至逼迫学生伪造符合意识形态导向的经历和感受。第二是媚俗，鼓励甚至要求学生用搜集来的华丽词句——所谓好词好句——表达那些伪造的经历和感受。无论内容，还是形式，都是假的、空的、千人一面的，以此败坏了学生真实感受、独立思考和诚实表达的能力，恰恰起了相反的作用。

第二辑

阅读与成长

青春期的阅读

青春期是人生最美妙的时期。恋爱是青春期最美妙的事情。我说的恋爱是广义的，不只是对异性的憧憬和眷恋，更未必是某个男生与某个女生之间的卿卿我我。荷尔蒙所酿造的心酒是那么浓郁，醉意常在，万物飘香。随着春心萌动，少男少女对世界和人生都是一种恋爱的心情，眼中的一切都闪放着诱人的光芒。在这样的心情中，一个人倘若有幸发现了一个书的世界，就有了青春期最美妙的恋爱——青春期的阅读。

回想起来，我的青春期的最重大事件是对书的迷恋，这使我终身受益。从中学开始，我的课余时间都是在阅览室里度过的，看的多半是课外书。阅览室的墙上贴着高尔基的语录："我扑在书籍上，就像饥饿的人扑在面包上一样。"当时真是觉得，这句话无比贴切地表达了我的心情。现在想，觉得不够贴切了，因为它只表达了读书的饥渴感，没有表达出那种如痴如醉的精神上的幸福感。

青春期的阅读真正具有恋爱的性质，那样纯洁而痴迷。书的世界里，一本本尚未翻开的书，犹如一张张陌生女郎的谜样面影，引人遐想，招人赏析。每翻开一本新书，心中期待的是一次新的奇遇，一场新的销魂。人的一生中，以后再不会有如此纯洁而痴迷的阅读了，成年人的阅读几乎不可避免地被功利、事务、疲劳损害。但是，一个人在青春期是否有过这种充满激情的阅读经验，这一点至关重要，其深远的影响必定会在后来的人生中显示出来。青春期是精神生长的关键期，也是养成阅读习惯的关键期，二者之间有着内在的联系。通过青春期的阅读，一个人真正发现的是人类的一个丰富多彩的精神生活世界，品尝到了在这个世界里漫游的快乐。从此以后，这个世界在他的人生地图上就有了牢不可破的位置，会不断地向他发出召唤。相反，有些人在学生时代只把力气用在功课和考试上，毫无自主阅读的兴趣，那结果是什么，你们看一看那些走出校门后不再读书的人就知道了。

学习是一辈子的事情。事实上，在我迄今所读的书中，当学生时读的只占很小一部分，绝大部分是在走出校门后读的。我相信，其他爱读书的人一定也是如此。我还相信，他们基本上也是在年少时代为一辈子的读书打下了基础。这个基础，一是产生了强烈而持久的阅读兴趣，二是形成了自己的阅读眼光和品位。

看一个学生的心智素质好不好，我就看他是否具备了两种能力，一是快乐学习的能力，二是自主学习的能力。简言之，就是喜欢学习和善于自学。这样的能力，一方面诚然也可以体现在功课上，比如探索出一套有效的方法，能够比较轻松地对付考试。但是，另一方面，我认为更重要的是体现在课外阅读上，课外阅读是学生个性和禀赋自由发展的主要空间，素质优秀的学生一定不会舍弃这个空间的。我由此得出了一个衡量学生素质的简明尺度，就是看课外阅读在他的全部学习中所占的比重有多大。我坚信，一个爱读书、会读书的学生，即使功课稍差，他将来的作为定能超过那种功课全优但毫无自主阅读兴趣的学生。同样，衡量一所学校的教育水准，我也要看是否有浓厚的阅读风气，爱读书、会读书的学生占的比重有多大。如果只是会考试，升名校率高，为此搭进了学生们的全部时间和精力，那不能算是好学校，一个恰当的名称叫应试能校。

2011 年 7 月

学校是读书的地方
——推荐《优秀教师的 30 本案头书》

翻开这本书的序言，我的眼睛立即一亮。高万祥说，作为中学校长，他的理想是让学校成为真正读书的地方，让学生成为真正的"读书人"。学校是读书的地方，是培养"读书人"的地方——这个道理多么朴实，然而，一个校长只有自己是"读书人"，才说得出来，才会视为天经地义。

高校长的确是一个"读书人"。我和他结识十二年，见面不算多，最深的印象是儒雅，身上毫无官气和俗气，言谈必是书，旁及中外文化名人典故。他对文化人情有独钟，有一次在北京见面，他匆匆离去，为的是去寻访坐落在我家附近的康有为故居。

可是，在今天的应试体制下，又有几所中学称得上是读书的地方呢？基本上都是应付功课和考试的地方，培养出来的也不是"读书人"，而是一批批送往硝烟弥漫的高考战场的可怜"考生"。所以，高校长只好把本来天经地义的事情当作自己的理想。所以，他要和徐飞合著这本书来推动理想的实现。

什么是"读书人"？按照我的理解，就是一辈子爱读书的人，就是以读书为乐、为生活方式的人。人是要一辈子读书的，而能否养成读书的习惯和品味，中学时代是关键。在这方面，高校长所崇敬的教育家苏霍姆林斯基有相当精辟的论述。他指出：少年的自我教育是从读一本好书开始的，学生的智力发展取决于良好的阅读能力；一个真正的人应当在灵魂深处有一个精神宝藏，这就是他通宵达旦地读过的一二百本好书；如果少年时没有品尝过阅读的激动人心的快乐，没有自己心爱的书和喜爱的作家，其全面发展是不可设想的。高校长由此体悟到：对少年来说，任何教育都不能取代经典好书的阅读，办学应当从阅读开始，没有阅读就没有真正的教育。

我也认为少年期的阅读经验对于人的一生至关重要。青春期是人生最美妙的时期，恋爱是青春期最美妙的事情，我说的恋爱是广义的，不只是对异性的憧憬和眷恋，随着春心萌动，少男少女对世界和人生都是一种恋爱的心情，眼中的一切都闪放着诱人的光芒。在这样的心情中，一个人有幸接触到书的世界，就有了青春期最美妙的恋爱——青春期的阅读。青春期的阅读真正具有恋爱的性质，那样如痴如醉，充满着奇遇和单纯的幸福。人的一生中，以后再不会有如此纯洁而痴迷的阅读了，成年人的阅读几乎不可避免地被功利、事务、疲劳损害。但是，倘若从来不曾有过青春期的阅读，结果是什么，只要看一看那些走出校门后不再读书的人就知道了。

如果说少年期是养成读书习惯和品位的关键时期，那么，能否让足够多的学生拥有青春期的阅读，教师是关键。教师自己首先应该是爱读书、会读书的人，是真正的"读书人"，才能在学校里形成一种风气，把学生也熏染成爱读书、会读书的"读书人"。高校长说得好：好教师一辈子只做两件事——读书和教书，读书利己，教书利人，教师的幸福在于二者是完全统一的。

这本书就是为有志于阅读兴教的教师们编写的，试图为他们提供一份案头书的目录和阐释。预定的数量是 30 本，如何来挑选？本书另一作者徐飞在后记中做了有趣的提示。他说，他在高校长家里感受到了藏书万卷的雍容气派，楼上楼下到处是书，而最爱的书在卧室里，那是其心目中的"书中的书"、"书中的恒星"，他从中看到了高校长的"精神纹理、思想底座"。可以想见，被选中的书大多出自其中，是其长期浸染、日夜相伴的精神挚友，凝聚了高校长自己的阅读经验。我们还可发现，它们大多同时也是中外历史上最有教育意义的经典名著。如果让我来挑选，我一定也不会遗漏比如说《论语》《理想国》这两本最伟大的古代哲学兼教育著作，卢梭的《爱弥儿》、杜威的《民主主义与教育》这两本近现代最重要的教育论著，林语堂的《苏东坡传》、爱克曼的《歌德谈话录》这两本以中西两位天才文豪为传主并且也是写得最精彩的传记作品。

在具体编选时，作者做了认真的梳理，把所选的书分为三类，实际上是根据人的精神属性的三个方面来划分的。人的精神属性可以相对地分为智力、道德、情感，与此相应，素质教育可分为智育、德育、美育，而阅读好书则是提升这三种精神素质、进行这三种教育的最佳途径。第一类是哲学、教育学、心理学等理论著作，阅读这类书籍的目的是培育思想尊严，拥有追求真理的勇气和独立思考的能力。第二类是伟人和优秀人物的传记，阅读这类书籍的目的是培育爱心、良心、社会责任心，做一个有道德、有信仰的人。第三类是文学作品，阅读这类书籍的目的是培育诗意和创造情怀，拥有丰富的感受力和想象力。每一类各包括 10 本书，对于每一本书，作者着重阐释了其精华和在教育上的启示。

本书两位作者，一位是校长兼语文教师，另一位是语文教师。让学校回归读书和培养"读书人"的地方，校长和语文教师能发挥重要作用。如果高校长的理想成为每一位中学校长和语文教师的理想，距理想变为现实就不远了。让我们从自身做起，自己首先做一个真正的"读书人"。

2012 年 6 月

阅读经典与素质教育
——"社科经典轻松读"系列图书总序

我一向认为,阅读经典是素质教育的最佳途径之一。天津人民出版社推出这套以中学生为读者对象的经典导读系列图书,引导孩子们走近社科经典,其用心正合我的想法,我欣然为之作序。

毋庸讳言,应试教育已经成为全社会的病痛,不但学生和家长深受其苦,而且其恶果正在众多领域显现出来。有鉴于此,现在社会各界都在急切地呼唤素质教育。然而,要真正实现素质教育,就不能只做一些表面的功夫和枝节的文章,而必须正本清源,追问何为教育,使教育回归教育之所是。从根本上来说,教育即生长,其目的是使受教育者身上那些人之为人的属性——这就是"素质"的含义——得到健康生长,成为人性意义上的优秀的人。所以,素质教育不是从外部向教育提出的一个要求,更不是今天才提出的一个新要求,而就是教育的本义。严格地说,只有素质教育才配称作教育。若不是着眼于素质,仅仅传授一些专业知识和职业技能,就只可叫做培训,不可妄称教育。若挂着教育之名而实际上对素质起了压制、扭曲、摧残的作用,就只能说是伪教育和反教育了。

人是凭借精神属性成其为人的。按照通常的划分,精神属性可分为知、情、意三个方面,亦即理性思维、情感体验、道德实践这三种精神能力。人类的这些精神能力在极其漫长的自然进化过程中形成了其生物学的基础,而后在相当漫长的文明演进过程中展现出来并得到发展。作为人类的一员,每一个个体的人通过种族的遗传即已具备这些精神能力的生物学基础,在此意义上，我们说它们是人性中固有的禀赋。然而，它们尚处于种子的状态，唯有在人类文化的环境中，种子才会发芽，潜在的禀赋才能生长为现实的能力。这里就有了教育的用武之地，教育的功能和使命正在于为生长提供良好的文化环境。

文化环境不是物理学意义上的环境，对它的理解不能局限于当下的一时一地。几千年来，人类的精神探索形成了一个伟大的传统，这个传统既包容了又超越了一切时代和民族，对于人类每一个有心提高自己精神素质的成员来说，它都是最广阔也最深刻的文化环境。那么，我们到哪里去寻找这个传统呢？我的回答是：到经典著作中找，因为经典著作正是这个传统的最重要载体。把受教育者引领到经典著作的宝库里，让他们了解、熟悉、领悟存在于其中的传统，受其浸染，加入到人类精神探索的伟大进程中去，在我看来，不可能有比这更名副其实也更有效的素质教育了。

具体地说，与精神属性的三个方面相对应，素质教育也可分为智育、美育、德育三个方面，而在这三个方面，经典著作都是极好的教材。

智育的目标是培育自由、独立的头脑。在这方面，经典作家是最好的榜样。他们首先是伟大的自由思想者，不受成见束缚，勇于开拓前人未至的新领域，敢于挑战众人皆信的旧学说。尤其在社科领域，权力、利益、习俗、舆论往往据有巨大的势力，阻挠着对真理的追求和认识，而他们能够不为所动，坚定地听从理性的指引。从他们的著作中，我们学到的不只是一些社科知识，更是追求真理的勇气、智性生活的习惯和独立思考的能力。

美育的目标是培育美丽、丰富的心灵。在这方面，文学艺术作品诚然是基本的教育资源，但人文和社科经典著作也能给我们以美好的熏陶。我们会发现，凡大思想家绝不是单面人和书呆子，他们从事研究的领域不同，性格各异，但大多具有鲜明的个性和丰富的内心世界，对于人类情感每每有或博大精深或微妙细致的体验。这一点也体现在文风上，许多经典作家是表达的大师，读他们的作品，只要真正读进去了，你决不会觉得枯燥，只会感到是一次愉快的精神旅行。

德育的目标是培育善良、高贵的灵魂。在这方面，经典作家尤能给我们良多启示。人文和社会科学的研究对象是人和社会，在这个领域中，起支配作用的不只是理性思考和实证观察，更是价值定向和理想愿景。每一位思想家都心怀提升人类向更好状态发展的愿望，一切思考最终都指向最基本的价值问题：怎样的人生是好的人生？怎样的社会是好的社会？虽然价值观正是最充满争议的领域，但是，通过阅读经典，自觉地思考这些问题，有助于我们确立自己的人生坐标，做一个有道德、有信仰的人。

青少年时期是生长的旺盛期，也是一个人阅读趣味和精神品位形成的关键期，因此，若能从中学开始走近经典，阅读经典，乃至迷上经典，必将终身受益。可是，即使用严格的标准挑选，社科经典的绝对数量也是非常大的，叫一个孩子如何下手？我认为，为了解决这个困难，本系列图书是一个有益的尝试，若能确保质量，乃是一项真正造福广大青少年的事业。根据计划，该丛书将选收古今中外社科人文类的经典名著分批推出，其中每一种图书主要由两个部分组成，一是原著精彩篇章的摘录，二是专家的导读。出版社为该丛书预定的特点是：绝对经典，轻松好读。按照我的理解，"绝对经典"就是要求选目精当，不够格的绝不选入，最够格的绝不遗漏，同时应适合于中学生的接受能力。"轻松好读"则是要求选人得当，专家也必须是够格的，对于相关的著作确有研究，融会贯通，从而能够把导读做得既准确又深入浅出。这是很高的要求，愿我们共同努力。

2009 年 3 月

孩子和大师之间的桥梁

——"哲学家讲的哲学故事"系列丛书中文版序

哲学是启迪人生智慧的学科。人的一生中，是否受到哲学的熏陶，智慧是否开启，结果大不一样。哲学在人生中的作用似乎看不见，摸不着，其实至大无比。有智慧的人，他的心是明白、欢欣、宁静的，没有智慧的人，他的心是糊涂、烦恼、躁动的。人生最值得追求的东西，一是优秀，二是幸福，而这二者都离不开智慧。所谓智慧，就是想明白人生的根本道理。唯有这样，才会懂得如何做人，从而成为人性意义上的真正优秀的人。也唯有这样，才能分辨人生中各种价值的主次，知道自己到底要什么，从而真正获得和感受到幸福。

哲学对于人生有这么大的意义，那么，我们怎样才能走近它、得到它呢？我一向认为，最可靠的办法就是直接阅读大哲学家的原著，最好的哲学都汇聚在大师们的作品中。不错，大师们观点各异，因此我们不可能从中得到一个标准答案，然而，这正是读原著的乐趣和收获之所在。一个人怎样才算是入了哲学的门？是在教科书中读到了一些教条和结论吗？当然不是。唯一的标准是看你是否学会了用自己的头脑去思考人生的根本问题，从而确立了自己的人生信念。那么，看一看哲学史上诸多伟大头脑在想一些什么重大问题，又是如何进行独立思考的，正可以给你最好的榜样和启示。

常常有父母问：让孩子在什么年龄接触哲学书籍最合适？我的回答是：顺其自然，早比晚好。顺其自然，就是不要勉强，孩子若没有兴趣，勉强只会导致反感。早比晚好，则要靠正确的引导了，方法之一便是提供足以引发孩子兴趣的适宜读物。当然，孩子不可能直接去读原著，但是，我相信，通过某种方式让他们了解那些最伟大的哲学家的基本思想，仍然是使他们对哲学真正有所领悟的必由之路。

正是基于这一想法，我乐于推荐黄山书社出版的"哲学家讲的哲学故事"系列丛书。这套丛书选择了东西方哲学史上 50 位大哲学家，以各人的核心思想为主题，一人一册，用讲故事做诱饵，一步步把小读者们引到相关的主题中去。我的评价是，题材的选择颇具眼力，50 位哲学家几乎囊括了迄今为止对人类历史产生了最重要影响的精神导师。故事的编撰，思想的表述，故事与思想的衔接，大致都不错，水平当然有参差。我觉得最难能可贵的是，韩国的儿童教育学家和哲学家极其认真地做了这件事，在孩子和大师之间筑了一座桥梁。对比之下，我们这个泱泱大国应该感到惭愧，但愿不久后我们也有原创的、高水平的类似书籍问世。

2010 年 2 月

让穷孩子们仰望星空

近日，北京慈弘慈善基金会和人民文学出版社举行新闻发布会，正式启动一个名叫"慈弘图书角"的合作项目。据介绍，该项目主要针对西部贫困地区县、乡级中学及部分小学学生，选择教育资源贫乏的学校，给每个班级配备 75 至 100 册图书，图书均由人民文学出版社供货，以中外文学名著为主。基金会负责人称，该基金会曾对青海省县、乡级 3 所中学 500 名学生做抽样调查，发现拥有一册以上图书的学生仅占 0.5%。也就是说，几乎所有学生没有课外书。各学校图书室的藏书也极为可怜，基本上只有一些过时的读物，而且不向学生开放。由于西部经济状况和消费水平的限制，当地书店很少进新书，因为进了也卖不掉。因此，对于那些中外名著，孩子们至多在语文课本上闻其名，无缘一睹真容。这是"慈弘图书角"项目的缘起，旨在让西部贫困孩子能够读到好书。

我对这个项目的立意和做法十分赞赏。回顾自己的精神成长的历程，我深知在儿童和少年时期养成读好书习惯的重要。每一个孩子心中都有一种渴望，对知识和光明的渴望，对真善美的渴望，这种渴望有待点燃，而书籍是最好的火种。世上有一些穷孩子，因为及早发现了书籍的世界，日后不但改变了自己的命运，而且成了改变世界的人。我在这里特别想到了 19 世纪美国的钢铁大王卡耐基，他早年贫困，只上学到 13 岁，就为生计所迫当了小邮差。然而，正是在这一年，一位退休上校用自己拥有的 400 册文学名著办了一个图书角，向穷孩子们开放，而小卡耐基成了最积极的借阅者。他在自传中说：他感激这位上校的"充满智慧的慷慨"，"是他培养了我对文学的爱好和品位，即使用人类所有的钱财与之交换，我也不愿意。"事实上，少年时代养成的这种"对文学的爱好和品位"奠定了卡耐基一生精神追求的基础，众所周知，他后来成了美国民间公益事业的奠基人，所赞助的主要领域恰是教育和社区图书馆。

王尔德有一句名言："我们都生活在阴沟里，但我们中有些人仰望星空。"一个为生存挣扎的穷人是生活在阴沟里，一个为财富忙碌的富人也是生活在阴沟里。然而，不论穷人富人，总有一些人的灵魂觉醒了，看到了头顶上的星空，心中有了精神的目标。我相信，仰望星空的人越多，生活在阴沟里的人类就越有希望，而那些伟大书籍所传递的正是星空的信息。

今天，中国西部地区的广大孩子生活在贫困的阴沟里，最需要获得星空的信息。在我看来，"慈弘图书角"项目的意义即在于此，是给西部孩子送去星空的信息的。我最欣赏的一点是，送去的真正是好书，是中国最好的文学出版社出版的文学名著，使穷孩子们直接就得以汲取最好的精神营养。相比之下，城里的孩子虽然生活优越得多，但同时也置身在一个充斥着垃圾信息的文化环境中，许多人迷恋于动漫之类的快餐，反而距离文学宝库更加遥远。

毫无疑问，要根本改善西部贫困孩子的处境，必须从多方面努力，有赖于中国经济、政治、教育体制的整体改善，不是只送一些好书去就能奏效的。但是，这是众多努力中不可缺少的一维。心灵的关怀是大善、根本之善，其作用深刻而长远，非物质的援助所能比。同时，鉴于当地书籍稀缺的现状，此举具有紧迫性，不啻是精神上的雪中送炭。我期待有更多的基金会和出版社也这样做，让高质量的图书角在贫困地区遍地开花，让穷孩子们都有仰望星空的机会。

2011 年 3 月

我也曾经是一个小读者
——《周国平寄小读者》序

　　二十一世纪出版社向我约稿，要我从迄今为止的作品中选出十来万字，编成一本给少儿读的书。这真是和我想到一块儿了，在约稿之前，我已经想要做这件事，并且列入了今年的工作计划。那么，我就说一说为什么我想要做这件事。

　　我自己也有过少儿时代，曾经也是一个小读者。那当然是老早的事了，但是，儿时的求知渴望，少年的惆怅心情，仿佛仍在我心灵深处的某个角落里潜藏着，我是一点儿不陌生的。我一路走来，走了人生大半路程，离那个从前的男孩越来越远。然而，我有一个感觉，我觉得自己好像一路都在和那个男孩做伴，与他交谈，不断地把我的所见所闻和所感所思告诉他，听取他的回应。我诚然比他成熟，也许有以教他，但他不只是我的学生，他那么纯真、敏感，本能地厌恶一切空话和假话。深藏在我心中的少儿时代同时也是一个良师，一直在检查我的作业，督促我做一个诚实的思想者和写作者。

　　你们一定想到了，那个良师不只在我的心中，也在我的眼前，那就是你们，我的小读者。在你们面前，一个作家必须诚实，你们不屑于理睬任何的故弄玄虚、牵强附会和言不由衷。我多么希望我的作业能够经得住你们的检查。当然，如果作业是合格的，应该也能使你们受益。

　　那个从前的男孩一路走来，走到了今天，垂垂老矣。如果那个男孩晚生几十年，今天仍是一个孩子，处在这个物欲膨胀、竞争激烈的时代，他肯定会比当年更感到迷惘，有更多的困惑。我多么爱他，凭我的人生阅历和思考，我能给他一些什么指点呢？在选编这本书时，我作如是想，斟酌再三，由此形成了一个思路。全书分五辑，实际上是我认为一个涉世不深的人在今天最容易迷失、因此最应该珍视的价值，这就是——

（1）成为你自己——我愿他不受外界时尚和潮流的支配，有真实的自我；

（2）爱使人富有——我愿他的心不在社会的竞争中变得冷漠，有丰盈的爱心；

（3）向教育争自由——我愿他能抵御现行教育的弊端，做学习的主人，有活泼的心智；

（4）生命中不能错过什么——我愿他的真性情不被物欲污染，保持本色的生命；

（5）人的高贵在于灵魂——我愿他做人有道德，处世有理想，有高贵的灵魂。

你们一定想到了，这也是我对你们的希望，因为你们就是生活在今天的那个少儿时代的我，你们还是今天的我的孩子，我爱你们，我的小读者。

2010 年 5 月

快乐学习，健康生长
——《宝贝，宝贝》少年版致小读者

今年 1 月，我出了一本书，叫《宝贝，宝贝》。那本书有点儿厚，现在我把它大大地精简，为你们出这个少儿版。

这本书是为我的女儿写的，也是为每一个孩子写的。在书中，我写了女儿小时候许多好玩的事，写了一个小生命在生长中的美丽风景。每一个小生命的生长都是美丽的风景，你们小时候一定也有许多好玩的事。读这本书的时候，你们也许会想起自己点点滴滴的童年趣事，发出会心的一笑。

在书中，我还写了作为一个父亲，我在女儿的教育上是怎么做的。我的全部努力集中到一点，就是在现行教育体制面前保护孩子，给她一个宽松自由的小环境，让她快乐地学习，健康地生长。这也是我对你们的最大祝愿，我希望你们都能有一个宽松自由的小环境，从而快乐地学习，健康地生长。

所以，我的这本书实际上也是在和你们的爸爸妈妈交流。天下父母都是爱孩子的，真爱孩子，就不要逼迫孩子做应试教育的牺牲品了。用爱和智慧保护自己的孩子，正是今天为人父母者的第一职责。但愿你们的爸爸妈妈读了这本书，会赞同我的这个观点。

2010 年 5 月

阅读小语

1. 人生不可缺少的三种交谈

阅读是与历史上的伟大灵魂交谈，借此把人类创造的精神财富"占为己有"。写作是与自己的灵魂交谈，借此把外在的生命经历转变成内在的心灵财富。信仰是与心中的上帝交谈，借此积聚"天上的财富"。这是人生不可缺少的三种交谈，而这三种交谈都是在独处中进行的。

2. 人生不可缺的两个朋友

人生不能没有朋友。在一切朋友中，有两个朋友是最不可缺的。一个朋友就是你自己，是你身上的那个更高的自我。每个人身上都有一个更高的自我，哲学家称之为理性，基督教称之为灵魂，佛教称之为佛性，但它常常是沉睡着的，你要去把它唤醒。为了使这个更高的自我变得丰富而强大，你还必须有另一个朋友，就是那些好书，活在好书里的那些伟大的灵魂。

3. 读无用的书，做有梦的人

读无用的书，做有梦的人。这是我给一家民营书店的题词。书分有用和无用，有用的书关乎生计，无用的书关乎心灵。人分有梦和无梦，无梦的人是生计的奴仆，有梦的人是心灵的富翁。无梦的人生是乏味的，与无梦的人相处也是乏味的。人生在世，生计之外，还是得讲究个味。

4.读书的两种收获

读书的收获有两种。一是通过读书知道了自己原来不知道而且也没有的东西，这样收获到的东西叫知识。二是通过读书知道了自己原来已经有但没有意识到的东西，这些东西是自己感悟到的，但好像一直沉睡着，现在被唤醒了，激活了，并且因此获得了生长、开花、结果的机会。这样收获到的东西，我称之为智慧。

5.阅读可以养生

阅读不但可以养心，而且可以养生，使人心宽体健。人的身体在很大程度上受心灵支配，忧虑往往致病，心态好是最好的养生。爱阅读的人，内心充实宁静，不易陷入令人烦恼焦虑的世事纷争之中。大学者中多寿星，原因就在于此。

阅读还可以救生，为人解惑消灾。人遇事之所以想不开，寻短见，是因为坐井观天，心胸狭窄。爱阅读的人，眼界开阔，一览众山小，比较容易超脱人生中一时一地的困境。

阅读甚至可以优育，助人教子育人。父母爱阅读，会在家庭中形成良好的文化氛围，对子女产生不教之教的熏陶作用。相反，父母自己不读书，却逼迫孩子用功，一定事倍功半。

6.阅读怎么改变命运

人们常说"阅读改变命运"。在我看来，此话可有两种含义。其一，读那些所谓"有用的书"，也就是接受正规教育，获取专业知识，这样可以改变外在的命运，即改变在社会上的地位。其二，读那些所谓"无用的书"，那些哲学、宗教、人文方面的书籍，未必能改变你的外在命运，但能改变你的内心世界，使你拥有智慧、信仰、丰富的心灵生活，拥有一个强健的灵魂，因此也就改变了你与外在命运的关系，从而在精神上立于不败之地。我认为后一种改变是更可靠也更重要的。

7. 文化上的绿色食品

经典作品是最接近自然的文化制品。这首先是因为作者自己是大自然所诞生的健康的生灵，因此对事物有饱满而真实的感受，他只需把这感受如实地表达出来就可以了。用食品作譬，他采用的是天然原料，没有化肥和农药的污染，没有添加剂，制作出来的是真正的绿色食品。

在食品卫生状况恶劣的今天，你也许无处寻觅令口腹放心的物质上的绿色食品了，但是，令心灵放心的精神上的绿色食品就在那里，你为何不去享用，却甘愿受营养贫乏、添加剂泛滥的文化快餐的毒害呢？

8. 读经典就像回家

卡尔维诺谈经典的两句话，我觉得也说出了我读经典的感觉。一是初读就像是重温。人文经典所探究、叙述的主题，无非是人性和人生，我对之有自己的体验和思考，因此并不陌生。二是重温就像是初读。大师毕竟是大师，所展现的精神世界丰富而深邃，因此常温常新。结合这两种感觉，我觉得读经典就像是回到了我久违的真正的家，既似曾相识，又不断有意外的发现和惊喜。其实，这个家就是人类共同的精神故乡，而经典则是带领我们回家的向导。

9. 怎么打读经典的基础

我主张读书的起点要高，直接从大师的经典作品开始。有人问：读经典必须有一定的基础，现在基础太差，怎么打这个基础？我的回答是：读经典的基础也是通过读经典来打的。经典的共同之处是有很高的含金量，但它们在文字表达上也有深浅难易之别，你可以由浅入深，从易到难，循序渐进，这本身就是一个逐步打基础的过程。相反，如果你总是读那些平庸的书，即那些没有含金量的书，就永远不可能学会识别和欣赏金子，永远不可能具备读经典的基础，只会离经典越来越远。

10. 大师和偶像

过去出大师，今天出偶像。但大师并未成为过去，而是永远活在他们的作品中，活在文化的传承中。偶像则依附于时尚而昙花一现。

我给自己的定位：大师的学生。我当然不是大师，但也不是偶像，做大师的学生，这是我的最大幸运和光荣。

寄语今日青年：要做大师的学生，不做偶像的粉丝。唯有如此，你们才能超越时尚，进入文化。

11. 人与人的差距令人震惊

读精神伟人的著作，看艺术天才的创造，我知道了人所能达到的高度，于是为自己生而为人类感到幸运和荣耀。

可是，走在街上，看见那些在路边玩牌和喧哗的人，那些开着车使劲按喇叭的人，看见那么多空虚的脸，我不禁想：难道他们也是人类？

人与人之间的差距如此之大，这一点常常使我感到震惊。

12. 不读好书是多么大的损失

只有你自己做了父母，品尝到了养育小生命的天伦之乐，你才会知道不做一回父母是多么大的损失。只有你走进了书籍的宝库，品尝到了与书中优秀灵魂交谈的快乐，你才会知道不读好书是多么大的损失。世上一切真正的好东西都是如此，你必须亲自去品尝，才会知道它们在人生中具有不可替代的价值。

看到那些永远在名利场上操心操劳的人，我常常心生怜悯，我对自己说：他们因为不知道世上还有好得多的东西，所以才会把金钱、权力、名声这些次要的东西看得至高无上。

阅读与成长

讲座时间与地点：

2010 年 12 月 14 日   北京一零一中学

2011 年 4 月 14 日   北京四中

2011 年 11 月 12 日   苏州中学

2011 年 11 月 14 日   华东师大二附中

今天我和大家谈谈读书的问题，我可以算读了一辈子的书，就谈谈我的体会。

一所中学怎么样才算是好学校？一般的评价标准就是看你的升学率，升入名校的比例，这也可以作为一个标准。但是我觉得仅仅这个标准是不够的，我看一个学校，还要看它课外的阅读做得好不好，我觉得这一点更加重要。在我看来，一个学生怎么样算是素质高呢？我归纳了两条：第一是他有快乐学习的能力，喜欢学习，对知识充满兴趣；第二是他有自主学习的能力，他不但对知识感兴趣，而且知道自己的兴趣在什么地方，他能够按照自己的兴趣来安排自己的学习。我觉得具备这两条的学生是素质高的。那么爱学习、会学习、有自学能力表现在什么地方？很大的一个表现就是他绝对不会仅仅局限于功课，他一定会有自己阅读的爱好，有自己爱好的方向。所以在我看来，如果说一所学校是好学校的话，就是课外的阅读、学生的自主阅读占的比重高，喜欢课外阅读、有自主阅读能力的学生多，这样的学校才是一所好学校，它培养出来的不仅仅是能考试的学生，而且是真正素质高的学生。

同学们现在正处在人生最美妙的时期——青春期。青春期有一件最美妙的事情，是什么呢？就是谈恋爱。（笑声）我回忆我的青春期，比较明确的是在北大的时候。我上北大时17岁，进了北大以后，有一天突然发现，世界上有这么多漂亮的姑娘（笑声）。当时的感觉就是这个世界太美好了，人生太美好了，感到一定有一件非常美好的但是我还不太清楚的事情在等着我。但是这一等就等了很多年，其实我谈恋爱很晚。不过，我说的恋爱不是狭义的，不只是男女之间的卿卿我我。青春期最奇妙的感觉是什么？你看世界、看人生都是一种恋爱的心情，你是和整个世界谈恋爱，和整个人生谈恋爱，眼中的一切充满了魅力，这种心情是最奇妙的。那么在这里面有一项就是对书籍，也是怀着这种恋爱的心情。我当时就是这样，好像突然发现了一个书的世界，这心情和发现了女孩子的漂亮是一样的。青春期的阅读真的有一种恋爱的特征，它是非常纯洁的，没有功利的考虑，它又是非常痴迷的，如痴如醉，而且也像恋爱一样，在阅读的过程中充满着奇遇。某天突然发现一本好书，一个自己喜欢的作家，那种激动，那种快乐，难以形容。

我是在上海中学上的高中，我们的阅览室墙上贴了一些励志的名言，让我印象特别深的是高尔基的一句话："我扑在书籍上，就好像一个饥饿的人扑在面包上一样。"我觉得这句话把我当时的心情说得太准确了。同学们要知道，像这样充满热情的、纯洁而又痴迷的青春期的阅读，以后很难再有了。等到你成年以后，你也可能仍然是一个爱读书的人，但是往往会有功利、事务、疲劳来干扰，你要承担生活的压力，要应付很多事情，很难像现在这样纯粹而痴迷地读书了。如果说青春期的阅读像恋爱，恋爱是很纯粹的，那么，成年人的阅读就有点像婚姻，婚姻可能就比较功利。我可以说是一个爱读书的人，但是我现在要像高中时候、大学一二年级时候那样，拿起一本书就忘掉了一切，这恐怕是没有办法的。

所以，同学们一定要珍惜这段时光。一个人在成长的阶段有没有过这种青春期的阅读，对他后来的影响会非常大。你只要看一看有些人，他们走出校门以后再也不读书了，最多是读一点专业书，或者是怎么炒股、怎么养生的书，你就知道是怎么回事了，这些人肯定是不曾有过青春期阅读的经历的。没有阅读习惯的人，他的世界是很狭隘的，其实很可怜。相反，如果你有过这种经历，你在高中、大学期间真正品尝到了阅读的快乐，从此养成了阅读的习惯，那你是一辈子受益的。

阅读和成长之间有一种内在的联系。青少年时期是成长的关键时期，所谓的成长，不但是身体上的成长，更是精神上的成长。精神上的成长，要靠精神的营养，而且应该是好的精神营养，是安全的、健康的"食品"。一个人精神成长的这个关键时期，同时也是培养阅读习惯和品位的关键时期，这两个关键时期之间一定有一种内在的联系。一个人在这个时候没有养成读书的习惯和品位，不爱读书，或者只读一些平庸的书，精神上就会发育不良。如果在这个时候养成了读书的习惯和品位，就为一生的精神发展打下了基础。

人类的精神财富主要是以书籍的形式保存下来的，书籍是人类的精神生活传统的主要载体。什么叫做精神成长？我们每一个个体，你的精神生活和精神成长是不能脱离人类精神生活传统的。把你放在孤岛上，和人类的精神传统隔绝，你是不可能有真正的精神生活的。你必须进入到人类精神生活的传统中进行学习和思考，在这个过程中，你的精神就成长起来了，越来越丰满了。而人类精神生活传统的主要载体就是书籍，所以阅读是精神成长的最重要的源泉和过程。

人生的目标应该是什么？我觉得我们真正要追求的无非是两个东西，一个是优秀，一个是幸福。优秀和幸福都和青少年时期的精神成长有密切的关系，精神成长得好是一个基础。在青少年时期，一个人的身体在成长，精神也在快速地成长，内心也在发生着重大的变化，是人生的一个关键时期。如果在这个时期你的精神成长得好，你就为将来的优秀打下了基础。人生的幸福，其中最重要的部分是精神方面的享受，也取决于你的精神成长得好不好。所以，在青少年时期通过阅读让精神成长得好，真的关系到你以后能否优秀和幸福。

精神的成长，具体来说有哪些方面？哲学家们把人的精神属性相对地分为三个方面，就是智力、情感和道德。我们学校里的教育，从精神层面上说，相应的就有三种教育。一是智育，就是智力教育，不光是学习知识，目标是智力的成长，拥有自由的头脑。二是美育，不光是培养画画、唱歌之类的技艺，美育是情感教育，是为了心灵的成长，拥有丰富的心灵。三是德育，德育是灵魂教育，不是表面的规范性教育，是为了灵魂的成长，拥有善良、高贵的灵魂。今天我重点说说前两个方面。

先讲智力的成长。我们在学校里学习，大量的时间是花在智育上面的，包括学习各门知识，但是我觉得，智育的目标应该是培养自由的、活泼的头脑，这比学习知识更关键。无论是课内学习，还是课外阅读，主要的目标都应该是让自己具备良好的智力品质。一个学生的智力品质好不好，看什么？最重要的智力品质是什么？我一直认为是两个东西，一个是好奇心，一个是独立思考的能力。好奇心就是对世界、对知识充满兴趣，如果没有，智力从根底上就是有缺陷的，将来的发展是很有限的。好奇心针对具体的现象，为了弄清楚现象背后的原因，于是就有了科学。好奇心针对整个宇宙和人生，为了弄清楚世界的本质和人生的意义，于是就有了哲学。哲学不只是一门学科，而是人类应该有也必然有的一种品格。作为一个人，要追问世界和人生的真相，要活得明白，不愿意糊里糊涂地活，这是理所当然的。

孩子都是有好奇心的，会提出许多问题。孩子的好奇心比大人强，你们的好奇心比我强，我相信你们小时候的好奇心又比现在强。我从我女儿身上看得很清楚，她好奇心最强烈的时候是四五岁的时候，那时候她会提出很多问题，其中一大部分是真正的哲学问题，我觉得非常可贵。我绝对不会像有些家长那样，孩子一提这种问题就说你不要胡思乱想，你要去想有用的问题。什么叫有用？想这种好像无用的问题，其实标示了一种精神的高度。所谓有用特别功利，对于学生无非就是考试和升学，对于民族无非就是经济效益。我觉得我们民族的问题就出在这里，不重视精神本身的价值，对什么问题都要问有用没用，没用的问题就不要去想。

西方人文精神有一个基本价值取向，就是精神价值本身就是价值，你不要问它有什么用，哲学的追问也好，科学的研究也好，本身就体现了人的伟大，是人类高级属性的满足。为什么人的高级属性的满足要用低级属性满足，所谓的有用，要用物质的效用来衡量呢？这不是颠倒了吗？我相信，那些真正为人类文化做出重大贡献的人，他们都是好奇心的幸存者，他们的好奇心没有被功利心扼杀掉。

另外一点就是独立思考的能力。你不能对什么都好奇，但是对什么都不去深入地研究。有的人好像兴趣广泛，但对什么都浅尝辄止，结果一事无成。我认为这不是真正有好奇心，起码只是很弱的好奇心。真正有好奇心，一定是一种挑战的感觉，要自己去解开这个谜，用自己的头脑去寻找答案，把未知变为知，而这就是独立思考。

智力品质的这两点，具体到教育上、学习上，就是我前面说过的快乐学习的能力和自主学习的能力。首先是喜欢学习，学习本身就是快乐的事情；然后知道自己的兴趣方向在哪里，能够按照自己的兴趣方向来安排自己的学习。做到了这两点，就是合格的学生。

好奇心和独立思考能力也好，快乐学习和自主学习能力也好，概括起来说，就是一种智力活动的兴趣和习惯。一个人通过高中的学习、大学的学习，最后要造就一个什么东西，就是这个智力活动的兴趣和习惯。你喜欢智力活动，你擅长智力活动，你的智力始终是活跃的，你有一个自由的头脑，这是最重要的，最后具体搞什么专业并非最重要的。一个人品尝到了智力活动的快乐，从此养成了智力活动的习惯，他喜欢学习、思考、研究，智力活动几乎成了他的本能，成了他的生活的第一需要，这样的人才叫知识分子，我相信这样的人无论在哪个领域一定是有作为的。并不是有学历、有文凭就算知识分子，说实话，有学历、有文凭的人里能够称得上知识分子的并不多，很多人离开学校以后就基本上没有智力活动了，这是很可悲的。

所以，一定要珍惜在学校里的这段时间，真正养成对学习的爱好和自学的能力，这是一辈子受用的，光考试好没有用。一个人的学习是一辈子的事情，学校不过是一个打基础的地方，而且主要不是打具体知识的基础，而是打智力品质的基础。你喜欢学习，并且知道了自己兴趣和能力之所在，以后来日方长，慢慢地积累，会越来越深厚的。在这方面我体会很深，我大部分的东西都是后来学的，在学校学的东西并不多，占的比例很小。但是在高中和大学的时候，我觉得非常幸运的一点是养成了自学的习惯，大部分时间都是在自学，也就是课外阅读，只用少量的时间来对付功课。我认为，真正的学习都是自学，不管你上的是不是名校，有自学能力的都是好学生，相反就不是好学生。你有自学的能力，学校里的学习就只是一个开端，出了校门你会一辈子学习。你只是跟着老师和课程亦步亦趋，没有自学的能力，一出校门你的学习也就结束了，不会有更大的发展了，无非是找份工作，运气好就找到一份钱多的工作，这样的人生美好吗？我觉得不美好，挺可怜的。

我特别强调一点，就是你们现在在学校里，包括以后上大学，在智力的成长上要达到一个什么样的目标，你们心里一定要清楚，主动权掌握在你自己手中，要看清楚这一点。一所学校有好老师、好校长，有一个好的教育环境，这当然很幸运，但现在我们大部分学校的孩子没这么幸运，大部分学校是跟着应试教育走的，孩子们学习得不快乐，更不要说自主学习了。但是，无论作为一个学校，还是作为一个个体，想自由的话总是能够争取到一定的自由的。

我当年进北大的时候，本以为进了最高学府一定能学到很多知识，但很快发现事实并非如此，如果我跟着课程跑的话学不到什么。我们那个时候和现在不一样，现在的问题是太功利化，包括课程的设计也是功利化，那时候是政治化、意识形态化。我就想一定要掌握学习的主动权，那时候我基本上是二三百人的大课就逃课（笑声），反正发现不了。小课一个班 25 个人，逃课肯定会被发现，旷课多少节是要被开除的。我可不愿意被开除，基本上是老师在上面讲课，我在下面看自己的书。有一回我看得入迷的时候，老师提问叫我的名字，我站起来问"干什么"（笑声），全班哄堂大笑。

我想说的是，不管在什么情况下，学习是你自己的事情，你要当学习的主人，不要被教材和课程拖着走，要学会自己管理自己的学习，这是一种非常重要的能力。你将来在进一步的学习上、在事业上有没有成就，这是很关键的一点。现在这个社会对于年轻人来说是很严峻的，生存压力这么大，但是自主权还是在你自己手上。你将来有没有自己真正的事业，这一点取决于你，而不是取决于环境。我敢断定，那些完全被应试教育支配的学生，将来很可能是不会有自己的事业的。

接下来讲心灵的成长。人不但有认识能力，凭着你的智力和知识在社会上做事，人还有情感，要有心灵生活。我们虽然在同一个世界上生活，但是如果你的内心状态不一样的话，实际上你眼中的世界是不一样的。一个内心贫乏的人，他看到的世界也是贫乏的，无非是车子、房子和钱，而一个内心丰富的人对世界会有很多微妙的感受。

为了有丰富的内心世界，一个重要的途径就是阅读，主要是读人文书籍，包括哲学、宗教、文学、历史等。心灵的成长是情感品质的成长，就是美育；灵魂的成长，道德品质的成长，就是德育。实际上好的人文书籍都含有这两个方面的内容，展现一个既丰富又高贵的精神世界。读人文书籍是没有专业之分的，不管你以后从事什么专业都应该读，只要你愿意你内心丰富而高贵就都要读，内心的丰富和高贵是通过读这些精神导师的书熏陶出来的。我还喜欢读一些真正的精神大师，那些大哲学家、大宗教家、大艺术家、大文豪，他们的自传或者传记。我觉得读了真的有启迪的作用，你会感到一个人拥有丰富的心灵和高贵的灵魂，这比什么都好。

对于今天的年轻人，我特别强调要少上网，多把时间花在读书上面。上网去看那些八卦新闻，去聊天，你想一想做了这些事情以后，对你的精神生长有没有好处？我觉得一点好处也没有。反正我是舍不得花时间在这上面的，我的孩子也不做这些事情。应该把时间用在让自己的精神真正得到成长上面，那就应该去读书。人类的精神财富最主要的存在方式就是书籍，对这一点我坚信不疑，网络无论如何不能取代书籍。当然网络有它的好处，造成了传播方式的革命，推进了信息的公开化和政治的民主化。但是，网络对人们的精神生活也产生了很大的负面作用，导致了阅读的碎片化、交流的表面化。你整天泡在网上做一个网虫，老是去和陌生人聊天，我真的觉得意义不大。不能用聊天来取代自己独处和思考，后者是更重要的，能使你的灵魂变得深刻。你光是上网啊，看一些网络小说啊，聊天啊，我断定你一定会变得越来越肤浅。

要多读书，而且一定要读好书。一个人真正能够用来读书的时间是非常有限的，可以说读书是我的职业，但是我也觉得好书读不完啊，既然这样，你怎么还可以花时间去读那些比较差的、平庸的书呢？什么是好书？当然每个人都会有自己的判断，我的标准是明确的，就是真正能让你得到精神上的愉悦和提高，使你在精神上变得更加丰富和深刻。老有人让我开书单，我说我开不出来，因为阅读是个人的精神生活，每个人的书单肯定是不一样的。但是有一条，我说你可以把选择的范围主要放在经典名著上面。我读书基本是读经典名著，不妨说基本是读死人的书，活人的书读得很少。现在出的书太多了，怎么去甄别啊？可能看了很多平庸的书才遇到一本好书，但已经浪费了很多时间。经典名著是时间这个最权威、最公正的批评家帮你选出来的，我发现真的没有上当，确实有最大的精神含量。西方从古希腊开始，中国从春秋、从孔子开始，你从古今中外的经典著作里面去选适合你的书、你喜欢的书。经典著作是读不完的，所以我建议大家还是把时间尽可能地花在这上面。

有的人说经典著作太难读了，一开始你可能也会有这样的感觉，这需要一个过程，我相信只要你读进去了，就会发现其实并不难读。大师就是大师，真正的大师是平易近人的，他不会故弄玄虚，一定是真实地传达自己的思想，只有平庸的作家才故弄玄虚，因为他没有真东西。我们读经典也应该有一种平实的态度，不要端起架子来做学问，不要去死抠字眼和含义。我觉得我们语文课有个特别可笑的东西，就是让你去分析课文的段落大意、主题思想等等，这个真可笑，对提高你的语文水平一点用处也没有，反而起到相反的作用。我的文章就常常被用来做这种测试的题目（笑声），我因此遭受不白之冤，有好些孩子骂我，说我让他们吃了这么多的苦。有一回，我的一个朋友的孩子，一个高中女孩，拿来了一份测试卷子，是我的一篇文章，题目叫做《人的高贵在于灵魂》，我不知道你们做过没有？（听众回答：做过。）

她说周伯伯你自己做一下（笑声），我就做了，她按照标准答案给我打分，69分，我自己的文章我都看不懂了，她很高兴我的分数比她还低，她得了71分。（笑声）不能这样读书，语文课主要是培养你的阅读兴趣和能力，培养你的写作兴趣和能力，就这两条。可以分析范文，但是应该着重个人的独立见解，不可能有标准答案的，你理解得有意思，哪怕是你自己的发挥，也没有关系，从范文中引发出你自己的真实的感受和思考，把它们表述出来，这就是合格和优秀。

读书时最愉快的感觉，感到最有收获的是什么？我自己觉得，肯定不是去分析所读的那本书的全部内容，而是突然发现作者表达的某个思想我也有，但是他表达得非常好，引发我去进一步思考。这是一种自我发现，是你本来已经有的东西被唤醒了，这是最愉快的，是最大的收获。你自己本来完全没有这个东西，那本书把这个东西表达得再好，你读的时候也是不会有感觉的。所以，在阅读的过程中，你对文本的反应是你内心已有的东西的一种表现，而不仅仅是在理解一个客观的东西。把阅读当作一个纯粹客观的接受过程，那是最笨最无效的。事实上，你内在的积累越深厚、越丰富，阅读的过程就越愉快、越有效。如果你把阅读时被唤醒的东西表达出来，这就是写作了。你们看我的很多文章，实际上都是读了某本书以后写的，但是我绝不是在分析那本书，我是在说读了以后被唤醒的东西，这个东西才有意思，我觉得我也可以说一说这个东西，甚至可以说得更好，这样的文章往往我自己特别满意，读者也喜欢。

这是阅读。另外我觉得要让内心丰富，还有一个重要途径就是写作。我认为本真意义上的阅读和写作都是非职业的，应该属于每一个关注心灵生活的人，你们将来即使读理工科也应该写作。并不是说读人文书籍只是学者的事情，写作只是作家的事情，其实我成为作家是非常偶然的，我在上学的时候根本没有想到有一天会成为一个所谓作家，但是我不当作家也一定会写。我的写作是从写日记开始的，我从小就写日记，到高中和大学的时候，基本上是天天写，一天写好几页。我一直说，从高中到大学，我就两门主课，一门是看课外书，还有一门就是写日记。可是很可惜，大学四年级的时候，"文化大革命"爆发了，有两件事情刺激了我。一个是我的好朋友郭世英，直到现在还不知道是自杀还是被害，非正常死亡，我当时很绝望，觉得一切都没意思了。还有一个是"北大武斗"、抄家成风，对立派把你的日记抄成大字报，说是反动日记，把你拉出来斗。如果我的日记被抄出来，肯定就是反动日记了。因为这两个刺激，我把全部日记都毁掉了。不过，写日记的习惯还是改不掉，离开北大后又继续写了。对于我来说，写日记不是要不要坚持的问题，而是已经成了本能，非写不可。

面对中学生的时候，我总是提一个建议，就是要养成写日记的习惯。你们现在正处在人生的早晨，以后的日子还很长，你们要记住，一个人最宝贵的东西就是你的经历，是你在经历中的感受和思考。无论是现在，还是在将来的生活中，你们会有快乐，也会有苦恼，会有顺利的时候，也会有受挫的时候，会遇到喜欢的人，也会遇到讨厌的人，一个人外部的经历有正面的也有反面的。但是，我觉得，通过写日记，你可以把所有的经历包括有些反面的经历都转变成你的财富。大家都在一天天过日子，但是有的人是用心在过，有的人他的心不在场，灵魂不在场，结果是大不一样的。写日记的作用是在鞭策你，督促你，让你的灵魂在场。写日记的时候，实际上是你的灵魂在审视你的经历，对那些有意义的经历给予肯定，把它留住。养成了这样的习惯，当你生活的时候，你的灵魂也会在场，用我的说法，就是你的灵魂的眼睛也是睁开的，你会关注和仔细地品味那些有意义的经历，你的生活因此充满了意义。

所以，通过写日记，不但可以把外在的经历转变为内在的财富，而且还可以让你在一定程度上超越你的外在经历。你有一个身体的自我，这个自我在社会上活动、折腾，你还有一个更高的自我，后来我在尼采的著作里也看到了这个概念，他也谈到了更高的自我。这个更高的自我可以说是一个理性的、灵魂的自我，是人性中本来应该有的，但是许多人的更高的自我是沉睡着的，甚至几乎死去了，再也唤不醒了。我们一定要让这个更高的自我早一点觉醒，让它来指导身体的自我，而写日记和读好书就是让它觉醒的好办法。

人不能缺少两种交谈。一个是和历史上的大师交谈，这就是阅读。另一个是和自己的灵魂交谈，比如写日记。换一个说法，人不能缺少两个最重要的朋友，一个是自己，就是你身上的更高的自我，另一个是好书，活在好书里的那些伟大的灵魂。我们每个人的生活范围终归是有限的，你可能在你周围的环境中找不到大师，但是许多大师在书籍里面，你随时可以去见他们。一个是大师，一个是自己，有了这两个朋友，你就不会孤单，不会浮躁，你就会拥有一个宁静的、充实的内心世界。我本人认为当代无大师，当代出明星和偶像，出不了大师。有时候我被人称作大师，我自己觉得很可笑，我读过大师的书，明白我和他们的差距有多大。偶像周围有一大群粉丝，也有人自称是我的粉丝，我就说你们不要做我的粉丝，我不想当偶像，你们也不要做任何偶像的粉丝，做粉丝有什么意思啊，我们大家一起来做大师的学生吧。我也是大师的学生，我希望你们也做大师的学生，我所做的事情实际上就是把人们引到大师的面前，告诉他们，这才是大师，你们去读他的书吧。出大师需要合适的土壤，就是一种鼓励纯粹精神追求的环境，我们这个民族太重实用，缺乏这个土壤。这个土壤怎么来培养？我觉得要靠你们，反正我认为我们这一代人是没有希望了，反正我是没有希望了，希望寄托在你们身上。好，谢谢大家。（掌声）

［现场互动选摘］

北京一零一中学

问：您说读书要不求甚解，但又说要因为知识本身而尊重知识，按我自己的解释，就是不断扩大对世界的了解是一种享受。那么，为什么当你有了这个疑问不要去想它，或者说要想到一个什么程度才可以放弃？

答：这是不同的两个问题。当你遇到真正关注的问题，就要去独立思考，把它想清楚，这是在真理问题上的认真态度。我讲的不求甚解则是一个读书的方法，是指在读一本书的过程中，尤其是你觉得这本书比较难懂的情况下，你就不要死抠某些段落和句子的含义，不要被难点卡在那里，你只要领会大意就可以了，日后对这个作家的思想有了更多的了解，回过头去再读，就会比较容易懂了。这就像走路一样，前面有暂时过不去的障碍，你不要在那里死等，可以换一条路走。（掌声）

问：我想问您相信有神的存在吗？

答：我不知道。（掌声）我不肯定也不否定，存疑。我希望它存在（掌声），而且我就当作它是存在的那样去做事。（掌声）

问：您认为人生的意义到底是什么？

答：这个问题太大了。说真心话，我也不知道。你用了"到底"这个词，如果是指人生的终极意义是什么，我真的不知道。要解决人生的终极意义问题，可能只有靠宗教，哲学解决不了。哲学可以解决人生范围之内的意义问题，我这一辈子怎么样过才有意义，什么样的生活是最值得追求的，可以想这样的问题。比如说，在这个问题上，我认为最值得追求的是生命的单纯和善良，精神的丰富和高贵。现在我只能走到这一步，如果你追问我这个意义背后还有什么意义，我真的不知道，应该去问上帝。（掌声）

问：您有一部著作叫《另一种存在》，里面有一句话是"我的事业是穷尽人生的一切可能性"，请问您是如何定义这个可能性的？

答：下面还有一句话你忘了说了，我接着说："这是一个肯定无望但是具有巨大诱惑力的事业。"任何一个人都不可能穷尽人生的一切可能性，所以我的这段话只是表达了一个热爱人生的人的心情，就是要最充分地活一场，人生的一切好东西我都要。

问：既然说到您的事业，您能用一个哲学家的身份来说吗？您之前也说了，科学家是解决能解决的问题，而哲学家是解决永远无法解决的问题，请问您在思考这些问题的时候，有没有坠入过无尽的深渊中呢？您是如何应对这个感觉从而继续往下深入思考呢？（掌声）

答：你说得很有意思，我相信你自己就有这个感觉。我举个例子，比如对死的思考。我从小就被死困扰，每想到死后的虚无，这个"我"永远永远不再存在，就有你说的那种坠入无尽的深渊的感觉。后来我就发现，要解决这个问题，就必须拓宽思路，把宗教的解决方式接纳进来。我们之所以恐惧死亡，是因为不能接受"我"的不存在，那么，佛教就有"无我"说，它告诉你，这个"我"原本就是幻象，你不可执著于它，基督教就有"灵魂不死"说，它告诉你，这个"我"不是会死的肉体，而是不死的灵魂。这两条思路都有道理，但都无法证明，而哲学却要求证明。宗教不同，它不要求证明，或者说，它要求一种内心的体证，和哲学要求的证明是两回事。所以我说，哲学始终走在路上，始终在思考而没有最后的答案。一旦到达终点，有了最后的答案，那就是信仰了，已经不是哲学了。（掌声）

问：您提倡读经典，可是这需要很多的知识经验，如果没有，就读不懂，不会有您所说的这种特别高深的乐趣了，所以我想请问我们该怎么办？（掌声）

答：我倒想问一问，你尝试过没有？（同学回答：试过。）我想你小时候一定读过安徒生童话吧，那个东西难读吗？不难吧，那也是经典。其实道理是一样的，随着年龄增大，会有适合于不同年龄、不同知识经验的经典，同样不会感到那么困难，就像安徒生童话对于童年时代的你一样。我们一定要破除一个成见，似乎凡经典都是高深的，其实不是这样的。即使比较高深的经典，也值得去尝试，一旦读懂了，你会感到莫大的快乐。快乐是有层次的，为什么我们不去享受高层次的快乐呢？你完全有能力去享受的，我确信这一点。（掌声）

问：在您的价值评断中，什么是排在第一位的，精神上的满足和快乐能排在第几位？

答：价值排序根据一个人的生活状况是会改变的。当生活没有基本保障的时候，毫无疑问物质生活是第一位的，你必须解决生存问题。在生存问题解决以后，精神上的满足和快乐理应上升到主要的位置。从我来说，我现在把两个东西都排在第一位，一个是家庭和孩子，一个是读书和写作，我觉得这两个东西之间丝毫没有冲突。

问：您有过一件事情从道德评判上需要这样去做但是不能获得快乐的时候吗？就是你做的时候不觉得快乐，但是从道德上来说你必须这样做，有过这样的情况吗？

答：就看你所说的道德是你内心认可的做人准则，还是社会的强制性规范。如果只是社会的强制性规范，我内心并不认可，我去做的话当然不快乐。这种情况难以完全避免，有时候你不得不做妥协，但是我心中会有一条底线。如果是我自己认可的道德，那么不说快乐，起码内心是平静的。

问：思想水平没有那么高，但是理解你的人很多，这样比较幸福，还是你的思想境界很高，但是理解你的人很少？

答：最好是思想境界高，理解我的人也多，如果做不到，我就宁可站在高处而理解我的人少一点。（掌声）

问：你说不要上网去看和自己不相关的东西，有一句话叫"国事家事天下事事事关心"，这句话应该怎样理解呢？

答：事事关心你关心得过来吗？顾炎武的意思不是要你什么鸡毛蒜皮的事情都关心，他是说一个人对国家大事要有责任感。网上也有一些信息涉及国计民生，你当然可以关心，但是我想，你不是政治家，大致了解就可以了，主要精力还是应该用在提高自己上面，这样将来才能真正为国家出力。人总是要有选择的，应该着重关心那些对自己的精神成长有意义的事情，或者那些自己知道了可以有所行动的事情。

问：您在书里谈到史铁生，很多人认为是残疾导致了他的出色的思想，而您认为他本身就有这个天分，只是碰巧是残疾而已。那么，智慧是不是与生俱来的？如果智慧不是所有人都能有的，对公平怎么看？

答：残疾人多了，史铁生有几个？但我并不是说他的智慧是与生俱来的，应该说人人都有这个潜能，但是潜能要得到实现，成为智慧，就得靠后天。不过，我还想说，每个人的天分或者说潜在的悟性是不一样的，程度的差别很大。有的人悟性特别好，比如史铁生，后天的智慧就很辉煌，有的人悟性会比较弱一点。我相信人和人之间是有种的区别的，上帝播的种是不一样的，当然所有的种都应该成长，但是成长的结果肯定会受到先天的限制，这是没有办法的。每个人的责任是让自己尽可能成长得好，不要去问自己的先天条件怎样，那是上帝管的事情，不该你操心。

问：那么很多时候人是不是注定不能超脱苦难的？

答：超脱苦难有不同的途径。史铁生通过智慧来化解苦难，和苦难保持距离，这是哲人的方式。还有的是英雄式的，和苦难搏斗，或者圣徒式的，因为信仰而坚忍不拔。

问：是不是有的人天生只能纠缠于苦难之中，达不到解脱？

答：是有这样的人，但是我认为不是先天的原因，这是觉悟的问题。觉悟不是先天的，就像佛说的，佛性人人都有，但是真正把佛性开发出来，成为觉悟，要靠智慧、信仰和修炼。

问：您说要多读书少上网，我同意要多读书，但是对于少上网，我是非常不同意的。您关注到网上有八卦新闻，但是难道没有其他品质好的东西吗？国内当代最珍贵的精神和最先锋的新闻，网络利大于弊，由于官方媒体垄断传播途径，网络是我们了解其他国家最新资讯的一个最自由的平台，对于新技术不应该抵制。

答：刚才这个同学纠正了我的说法的偏颇。网络作为一个新媒介，在当代生活中发挥了巨大的作用，信息传播的无障碍和群众的参与推动了政治的民主化。我是想提醒大家警惕网络对个人精神生活的支配，应该把网络当作一个工具，用它来做有意义的事情，要做它的主人，不要做它的奴隶。现在的确有很多人成了网络的奴隶，所谓的网虫，花了太多时间在网络上，往往是做一些没有精神含量的事情。另外网络对阅读造成了冲击也是事实，你当然可以到网络上去看好的作品，这仅仅是载体的不同，我强调的是内容，但是网络的特点是传播信息的多和快，所以很多人上网是在浏览信息，而不是深入地阅读和思考。总之网络有利有弊，正确的态度是用其利而避其害。

问：您的女儿曾经思考一个问题，就是另一个世界上是不是有另一个我。您对女儿的思考持一种鼓励的态度，是吗？您自己是否相信有一个平行世界的存在呢？

答：对，我是鼓励她的，会兴致勃勃地和她讨论。作为家长，对孩子的最好的智力教育是什么？就是去发现和鼓励孩子的提问，然后平等地和她讨论。有没有一个平行世界，我不知道，不能肯定也不能否定，无法回答。你相信吗？我知道你肯定相信，才会这样问。（掌声）

问：您说到一个人内心有什么，看到的世界就会是什么。事实上诗人、作家、天才自杀的比较多，是因为内心阴暗面太多，所以对世界就看到太多的阴暗面，还是有其他的原因？（掌声）

答：这是两回事吧。我的意思是说，一个人内心世界的丰富程度决定了他的精神视野的宽窄和深浅。天赋高的诗人和作家自杀比较多，原因可能是他们太敏感，太敏感就会很脆弱。但是具体的自杀原因很不一样，大多和亲身的遭遇有关，共同的是对人生绝望了，看不到继续活下去的意义。一般来说，完全沉浸在自己内心世界的诗人容易有自杀倾向，他们一根筋，梦一破碎就绝望了。像歌德这样的客观的诗人就活得很好，善于把握好情感和理智、理想和现实之间的平衡。（掌声）

北京四中

问：我读过您的《善良·丰富·高贵》，然后就做了一件我的家长认为很愚蠢的事情。在大街上你经常会遇见乞讨的人，那天我去上学的路上就遇到了这么一个人，他看着我径直朝我走过来，说他是哪里的人，发生了什么事情，希望我能借给他一点钱，我就毫不犹豫地拿了一百多块钱给他。他说会还给我的，要了我的手机号，但是他后来再也没有联系我。我就想是不是被他骗了，我听说在北京这种骗子还是挺多的，但我立刻就批判我自己，说你怎么能这样想，人的本性都是善良的，你怎么能把人往坏里想不往好里想呢，为此很郁闷，很纠结。我回家和我母亲谈这件事情，她也说我傻，但是我就是想不明白一点，在当今的社会上，你善良是正确的，可是你善良有一种君子容易被小人欺负的感觉，我想问您对现在社会上这种现象是怎么看的？

答：我也觉得你是受骗了。（笑声，掌声）善良的人往往容易以君子之心度小人之腹，用自己的善良去猜想别人的心肠，善良的人最容易犯的错误就是轻信，太容易相信别人。当今社会的环境确实很复杂，尤其对孩子和少年人来说，是一个比较险恶的环境。所以我想，第一你要坚持善良，不要因为社会的这种复杂、这种冷漠，让自己善良的心也变得冷漠起来，这个情况是很容易发生的。第二你对这个社会环境必须有一个警惕心，你可以相信大多数人在本性上是善良的，但要清楚世界上并不都是善良的人，肯定有那么一部分人已经变坏了，他们会利用人们的善良，比如你遇到的装作可怜的样子出现的那个人，对这种情况要有警惕，否则你还会再次受骗。（笑声）

问：好的，周老师，这就联系到下一个问题。后来我知道受骗了就特别愤怒，然后我就有这样一个想法，就是作为一个善良的人，你怎么能眼睁睁地看着更多的人受骗上当呢，我就在北京城里四处找乞丐，当发现他们是假的乞讨者的时候，我就不知道该怎么办了。

答：你怎么判断真假呢？

问：很简单，比如大街旁放着一具尸体，我就去帮忙，结果他坐起来了。（笑声）我就不知道遇到这样的情况应该怎么办？

答：你没有别的办法，你走开，报警。

问：还有一个问题，跟善良没有太大的关系了。我初中的时候，小贩在我们学校墙壁上凿了一个洞，经常有学生去买吃的喝的。我当时不知道校方禁止这样做，后来老师在广播中要全年级互相揭发，我才知道这是一个错误的行为。作为一个诚信的人，你不把自己举报上去，你的良心上就过不去，我就把我自己举报上去了。（笑声）当即老师就在广播中批评，弄得我特别纳闷，我这个诚信到底是应该还是不应该呢？当时学校里基本上没有人知道我在那边买东西，我应该不应该去举报自己呢？

答：我认为老师的处理是有问题的，如果我是这个老师，第一我会原谅你，因为你不知道学校有这个规定，事情本身也不是什么大错，第二我会表扬你，因为你诚信。反正我不会批评你。（掌声）

问：我想问一个问题，按照您的定义，韩寒算知识分子吗？（笑声，掌声）

答：我是很欣赏韩寒的，他也许读的书不是特别多，但是他很爱思考，而且他的思考有相当的深度，既然这样的话，周国平说他是不是知识分子也就不用在乎了。（掌声）

问：何为经典？例如您的书算经典吗？（笑声，掌声）

答：肯定不是，我说的完全是真心话。我认为我的作用是什么？实际上是把人们引导到经典面前，你看我的书，很多文章是读那些大师作品以后的感悟，不是我的原创。也确实产生了这样的效果，很多读者看了我的书以后，会去读我谈到的那些经典作家的书。至于什么是经典，这个很难判断，所以我只好说时间是一个标准，就是一代又一代会读书的人都说好，这就像滚雪球一样，一本书产生的影响都加到了这本书上面，它就成了经典。但是，我觉得这个不重要，就是一本书能不能列入经典并不重要，我的意思是你一定要去读好书，读了以后精神上真正能得到提升的书，这个标准是你能够掌握的，是你自己可以判断的。（掌声）

问：周老师您好，我高一的时候第一次读到您的书，就是《人生哲思录》，在我们学校对面的书店买的。我记得特别清楚，当时我把书放在床头，每天晚上在睡觉之前看那么几段，我生命中第一次，就是我一下就被这本书吸引住了。我每天回家，好像就觉得有一个朋友在那里等着我去与他相见。今天我想问您和阅读直接相关的问题，您认为阅读对一个中学生非常重要，但是我现在时间非常有限，每天的学习或者做练习题已经占据了我们大量的时间。所以每天回家的时候可能只剩下二十分钟可以用来读书了。如果这样

的话，我担心我的阅读习惯的养成就被耽误了，这样会不会对我以后造成影响？（掌声）

答：我从你刚才的话里面听出来，你是非常渴望每天保证有时间去阅读的，你有这样一种心情的话，哪怕每天坚持二十分钟，我觉得你的阅读习惯仍然会保持下去的。有时候阅读会暂时中断，我也有过这样的情况，集中去做一件事情，阅读可能会中断一段时间，但是我觉得这种内在的渴望还在的话就不怕。

问：但是我现在不能确定我这种渴望会不会因为时间的延续而衰落。

答：我也不能确定。（笑声，掌声）但是你有这种警觉就很好。

问：周老师，既然您是一个哲学家，我想听听您对社会的看法。现在的社会具有很强的功利性，我们是应该陷入对功利社会的绝望，还是应该站出来去改变它？我们应该有一个什么样的态度？我觉得我自己是属于非功利的，我想看书，但是我妈妈就说你应该去学习、高考之类的。这个社会对于非功利的追求实在是太轻蔑了，我想知道您的看法。（笑声，掌声）

答：这是一个难题。你让我说，我也左右为难，我怕害了你。我觉得在一般情况下，你说的功利和非功利应该尽可能地兼顾，我这个就比较圆滑了，是比较中庸的一种做法。你在这个现实的社会里生活，你可能不得不兼顾一下功利的一面。但是有一点，我相信如果你非功利的、纯粹的追求非常强大的话，功利的那一边舍弃了也没关系，我自己就有过这样的经历。所以我总是强调，从非功利来说，一个人应该追求的是优秀，而功利就是追求成功，应该把优秀作为主要目标，兼顾一下成功，能得到挺好，得不到也别太在乎。这是从人生的长期过程来说，应该把优秀作为主要目标。具体到某一个特定阶段，比如说你面临高考，可能就不得不多照顾一下功利的那一面。当然，如果你对自己充满信心，我考不上也没关系，相信我坚持走自己的路，我仍然可以成为一个优秀的人，你有这样的信心，当然放弃功利也没什么大不了。（掌声）

问：人是不能否定他有社会属性的，您刚才说不太建议我们把时间花在网络上，去看一些比如说八卦的东西，但是我觉得这应该算是我和朋友的一些谈资吧。如果用很多时间去独处，外人看来我这个人可能太封闭，不能和社会交流。我想问一下，怎么平衡个人情操的陶冶和人的社会属性？（掌声）

答：两方面兼顾是对的，但是我觉得要分清哪个是更根本的。我自己的体会，独处、自己学习、思考、写作——我说的写作是广义的，是通过记录自己的感受和思考，对自己内心的一种整理——这个东西是更根本的。在这个前提下，一个人也不应该封闭自己。其实有独处需要的人未必是性格孤僻的人，这和性格是两回事。有的人很开朗，但是如果没有独处的时间，他会感觉这种生活很糟糕，整个人是散于外部事物中的。一个人的时间总是有限的，该怎么分配呢？所以我说宁可多花时间独处、阅读、思考，少一点时间上网看八卦、聊天。谈资这个东西重要吗？同学之间聊最近的八卦，你插不上嘴，当时会有点儿失落，可是你想想，从长远来看，真是一点儿不重要。我年轻的时候和人谈话也不多，大量的时间是自己独处，我习惯了，觉得挺好。当然，每个人的性格和需求不一样，你可以两者兼顾，但是要分清主次。

问：我特别喜欢昆德拉的书，我看您的书里也提到他，我比较喜欢他对轻和重的论述。我发现有的人活在世界上，不是为了自己而活，更多的像是为了一些社会道德给他的各种定义和标准而活，活了一辈子不能活出真正的自己来。我就常常想，做人一辈子至少要让自己满意才好，但是我又问自己，什么是我真正想要的？我自己到底想做一个什么样的人？其实我很难清楚自己真正想要的是什么，就感到很困惑。

答：那是因为你还年轻，一个人要知道自己到底是个什么样的人，这是通过人生的阅历不断思考的结果。我在你这个年龄的时候，也完全不知道自己到底要什么，对自己的未来没有任何明确的预期，不知道自己将来的走向，其实也不可能知道。直到很晚的时候，大约将近四十岁的时候，我觉得自己才比较清楚了。所以我觉得没有关系，你心里有找自己的路的想法就已经很好了。这肯定有一个过程，它会逐渐清晰起来的，你现在有这样的意识，这已经很可贵了。

问：但是我不知道自己要什么，就可能会走弯路，我老了以后就会痛恨自己曾经这样，我特别怕后悔。

答：如果你年轻的时候没有走过弯路，我觉得你的生活就太简单了。但是如果你年老了还在走弯路，我觉得你这个人就太简单了。（笑声，掌声）

华东师大第二附属中学

问：周老师，我在阅读中有一个困惑。当我很投入地去理解作者的观点，最终发现得出的体悟好像只是在重新发现自己内心本来就有的一些想法，是我的价值在这本书上的投射而已。我想探索一些新想法，最终却觉得好像是被自己的一种整体思想牵制着，在阅读的过程中，好像只是不断地把自己的思想延长，并没有看到一个新的方向，没有站到地平线上朝外面看一眼。我不知道您在阅读的时候有没有类似的感受，您怎么看待我的这样一种困惑？

答：阅读是一个积极的过程。西方哲学有一种理论叫做解释学，现代的代表人物是伽达默尔，他提出一个观点，认为接受过程是视界融合的过程。你在读一个文本的时候，文本有它的一个视界，有它的观点和见解，但你也不是一片空白，你有你的一个视界，就是你在读这个文本以前已经形成的观点和见解，那么，接受的过程实际上就是这两个视界融合的过程。这是一个积极的过程，既不是单纯地解释文本的见解，也不是单纯的自我发现。一定有新的东西在增加进来，很可能你自己没有察觉到，所以你感到沮丧。你说你被自己的整体思想牵制着，我想问一下，你的这个整体思想是怎么形成的？我不相信仅仅凭借你自己的思考，没有读任何书籍，就能形成这个整体思想，事实上在它的形成过程中，你以前的阅读已经做了贡献。就你的情况而言，我建议你以后阅读时特别留心书中和你不同的见解，这样可以强化对新东西的意识。（掌声）

问：人的智力有一个作用，是要去发现自己的特殊禀赋，在自己有兴趣的领域去探索，这样就能得到更好的发展。如果一个人的一生就像您所说的哲学家那样，用好奇心去探索那些无解的问题，您觉得他的人生之路应该如何去走？他没有一个专业，没有所谓的一技之长，而是像孔子所说的那样，宁愿去做一个赶马车的车夫，这样的人又该怎么样度过人生呢？

答：那很可能是一个悲剧。（笑声）他可能走火入魔，一事无成，然后就穷困潦倒，甚至疯了。作为一个有智力禀赋的人，你应该永远保持好奇心，但是仅仅这样是不够的，你还应该把你的好奇心按照你的禀赋向某一个方向发展，否则就会一事无成。哲学思考本身不能成为一个职业，你必须解决饭碗问题，有一个可以谋生的具体职业。

问：像您的话是怎么样结合的？

答：我也有我的职业或者说专业，比如在社科院工作，研究尼采哲学，做翻译，写专著。我自己对人生问题和时代问题很关注，在尼采那里找到了共鸣，所以在学术上就把尼采哲学作为我的主要研究方向，这就是一种结合。

问：这样会不会失去原创性？

答：不会的，原创性这么不堪一击吗？那也就不是原创性了。原创性应该是强大的，是一种不可摧毁的精神本能。（掌声）

问：您谈到事业的问题，自己的特长在合适的领域得到很好的发挥，这才可以称之为事业。像我们高中生马上也要面临今后人生走向的问题，当自己的兴趣和整个社会的环境发生矛盾的时候，我想问一下该如何权衡？可能你喜欢做的事情在这个社会上并不能得到良好的发展，甚至不能让你维持基本的生存。

答：我首先要说明一点，一个年轻人，尤其是一个高中生，或者就算是大学毕业了，你所选择的专业未必就是你一辈子的事业。一个人要找到最适合自己的领域，这是一个过程，有的人早一些，有的人晚一些，但是并不是在学校阶段都能找到的。我自己也是很晚才找到了自己的事业方向和写作方式。你主要谈的是生存压力的问题，现在的年轻人的确都面临这个问题，选择职业的时候是选择自己真正喜欢的工作，还是选择能够比较好地解决生存问题、挣钱多一点的工作。我的看法是这样的，生存问题必须解决，否则会很潦倒，甚至你喜欢的东西能不能坚持下去都是问题。如果你确实在某方面有强烈的兴趣，这是非常好的，我发现很多人根本不知道自己喜欢什么，那就很可悲了。你很明确地知道自己喜欢什么，但是，如果你去选择这方面的职业，或者环境不允许，或者会承受很大的经济损失，在这样的情况下怎么办？我觉得应该权衡，并不是非此即彼的，如果让我来做选择的话，我可能会选择一个能够比较好地解决生存问题的工作，同时在业余时间坚持自己的爱好，然后寻找机会把业余爱好转变成我的主业，可以走曲线发展自己兴趣的道路。

问：您刚才说在北大上学的时候，那些教材不是您真正想学的东西。您是不是觉得，像现在的应试教育，我们必须去学的这些东西也是阻碍人性发展的？

答：关键是你内心要清醒，和它划清界限，一方面你去对付它，另一方面你不会把这个东西看得太重要，不让它来限制你。我并不是说现在应试教育的教材都是不好的，里面会有一些有用的、必须学的东西，但是肯定有一些内容对于智力发展、人性发展是毫无用处的，还有一些教育方式是不对的。作为一个学生，你没有办法，必须对付应试，但是如果你清醒的话，就能把对你的损害减少到最低限度。（掌声）

问：您说要有一个超越的自我，我想问这个是不是就是道家所说的真我？

答：不同的宗教和学说可能会有不同的名称，比如基督教说是灵魂，佛教说是佛性，道家说是真我，亚里士多德说是理性，总之是一个精神性的自我，区别于肉体的自我或者社会性的自我。

问：那么这个超越的自我就是我们精神追求的终点吗？

答：精神追求永远没有终点，只有方向，那是一个方向。（掌声）

问：您觉得上海中学三年的学习经历对您现在的最大影响是什么？（笑声，掌声）

答：上中有特别好的学习风气，不过我想，我读高中是在上中还是在别的学校，这不是关键的，我对自己有信心，上别的学校也不会差。我觉得一个人的中学阶段非常重要，我把它称为发现的时代。发现了什么？对我一生最重要的四个东西，就是性、死亡、自我和书籍。性，因为那正是身体发育的时候，冲动，敏感，苦闷，让我变成了一个很内向的人。死亡，经常想到自己最后会死，很恐惧，很痛苦。自我，因为知道自己会死，只能活一次，就意识到了自己的独一无二。书籍，就是爱上了阅读。这四个东西几乎成了我一生的关键词，影响重大。我说爱上了阅读，是指人文书籍。上中的传统是重视数理化，看轻文科，我们班 50 个同学，毕业的时候选择志愿，49 个同学报考理工科或医农科，当时医农科和理工科是分开的，只有一个同学报考文科，就是周国平。（笑声）但是周国平是班上的数学课代表（掌声），我非常喜欢数学，可是因为爱上了阅读，结果只有我一人报考文科，一辈子从事哲学，你们说影响大不大？（掌声）

问：我对理论性的东西比较感兴趣，有些人说你是不是应该学以致用一下，这个时候我应该随着我的感觉来呢，还是接受别人的意见，去学一些可操作的东西？

答：在今天的时代，纯理论性的学科不受重视，但不等于没有价值。相反，从人类知识的发展看，纯理论性的学科是基础，比应用性的学科更重要。不过，对于个人来说，选择纯理论性的学科是一个冒险，一是因为在这个领域很难有突破和创新，二是将来可能面临就业的困难。比如说，学哲学的比学传媒的难就业，学数学的比学计算机的难就业。所以，关键是你是否真正有强烈的兴趣，如果是，我觉得你应该坚持，并且要有精神准备，甘于承受从功利角度看是吃亏的后果。走一条不合时宜的路，你可能会失败，得不到社会的承认，而走功利的路本来可以得到的东西也丢了，那个时候你的心态要好。我有很长时间就是这样的，我喜欢写东西，根本没有地方发表，在社会上也吃不开，不会和人搞关系，但是我就认了。首先看你是不是真喜欢，如果真喜欢，就要有一个好心态。（掌声）

问：我喜欢的和我的天赋发生了冲突，我该怎么选择？

答：会吗？

问：比如说我烧一手好菜，我有能力成为一个大厨，但是我并不喜欢这样，我喜欢数学，想成为数学家，我该怎么样抉择？

答：首先我告诉你，天赋和兴趣一定是一致的，你擅长做菜，你就肯定是喜欢做菜的，否则你不可能擅长。所以，这不是天赋和兴趣之间的冲突，而是两种不同的兴趣或者说两种不同的天赋之间的冲突，因此需要从中选一个作为自己的专业。当然，有数学天赋的人去做大厨就太可惜了，你就做数学家吧。

问：如何定义喜欢和爱？（掌声）包括人和事。

答：这两个词在男女情感问题上用得比较多一些，两个人之间情感的程度不一样，甲对乙说"我爱你"，乙就抱歉地说"我只是喜欢你"，喜欢比爱的程度要低一些。对事情也是一样的，爱的是事业，喜欢的只是一般的爱好。

问：怎么样在一堆漂亮的小姑娘中找到你所喜欢的那一个，或者说怎么样在一堆好书中找到自己喜欢的那一本？

答：去读那些小姑娘，去读那些好书，没有别的办法。

问：我找到了方向就是哲学，然后看书的时候发现我看不懂，您作为前辈能给我一点建议吗？

答：我很纳闷你既然看不懂的话，是怎么找到这个方向的？（笑声）（同学：我喜欢思考东西。）你思考什么东西呢？（同学：比如思考爱是什么。）

我知道你的意思，你是对人生中某些重要的价值想要追根究底，这的确是一种哲学的倾向。如果你真的对哲学感兴趣，可以找一些适合你现在的水平的书先看起来，我不相信你所有的哲学书籍都看不懂，总有看得懂的吧，如果都看不懂，那我劝你就不要把哲学当你的方向了。

问：您说时间是检验好书的标准，但是我们生活在这个时代，如果只读以前的书，如何才能和当今的时代发生碰撞？

答：你的这个问题提得好。我不认为一个人可以不关心时代，但是有一个前提，你通过阅读经典，对于人类所追求的那些基本的恒久的价值有了相当的了解和领会，在这个前提下，你才能对时代做出正确的判断，知道哪些东西是好的，哪些是不好的。经受了时间检验的精神价值是标准，而当今时代是素材，你要用所掌握的标准进行分析。立足于永恒看时代，你是清醒的，否则的话，你会完全被时代的东西所支配。

童心和童年

圣诞老人

啾啾最盼望的节日，不是儿童节，不是春节，而是圣诞节。每到快过圣诞节了，她就开始倒计时，天天掰着指头算，既焦急又欣喜。当然，魅力来自那个会给孩子们送来礼物的善良而又神秘的圣诞老人。

她四岁时，妈妈带她去商店，买回一棵圣诞树，她高兴极了。树上缠着许多小灯泡，可以自动按顺序调节明灭，红要演示给我看，她立即制止，为了在平安夜给我一个惊喜。这棵圣诞树标志着圣诞节正式入驻我们家，从此以后，年年圣诞节前夕，家里就立起这棵圣诞树，啾啾快乐地给它挂上各种小饰物和小玩具，而高潮则是圣诞节早晨在它的下面找到所期待的礼物。

对于圣诞老人会按照孩子们的许愿送来礼物，她感到非常惊奇。她问妈妈："圣诞老人是神仙吗？"妈妈说是。她说："是神仙？那就是抓一把什么都没有！"意思是神仙是看不见、摸不着的。妈妈解释说，圣诞老人的形象就是那个戴小红帽的白胡子老头，不过他的确会隐身，所以送礼物时无人能察觉。

她第一次许愿要的礼物是电子琴，许愿之后，有些不安地问妈妈："圣诞老人真的听见我的许愿了吗？他会送来吗？"妈妈说不用担心，圣诞老人最喜欢小孩，对小孩的许愿最认真，一定会倾听和兑现的。早晨，在圣诞树下看到一台漂亮的电子琴，她甜蜜地笑了。她告诉我，是圣诞老人夜里趁我们睡着送来的，强调说："圣诞老人是看不见的。"我摆弄这台电子琴，发现没有配备变压器，嘟哝了一声，她立刻解释："圣诞老人太忙了。"在她的想象中，圣诞老人要给这么多孩子送礼物，跑这么多人家，疏忽是难免的。

满五周岁不久，啾啾向妈妈讲她的理想："我长大了不工作，从你和爸爸那里拿一点钱，去买许多东西，再卖掉，这样就有更多的钱了。然后，我就给你和爸爸买许多礼物，买一棵圣诞树，把礼物挂在上面。给爸爸买一个漂亮的小姑娘，给你买一个雪橇。还买许多糖果，挂在天花板上，下糖果雨……"

天真、善良的心，幼稚、美丽的理想。但是，我注意到，在她的叙述中，礼物是买来的，不是圣诞老人送来的。她是否并不真的完全相信圣诞老人的存在？她在相信的同时是否也有所怀疑？好像是这样的。

五岁时的圣诞节，她得到的礼物是几箱她喜欢的篮猫饮料，当她看见圣诞树下堆放的这些饮料时，虽然表示高兴，但又颇为无情地对我说："没有什么事情可以让我惊喜了。"然后解释说，她已经知道饮料是某个朋友送来的，所以没什么可惊喜的。她说的是事实。这要怪我们，因为匆忙，没有根据她的心愿安排这次的礼物。

六岁时，她许愿的圣诞礼物是一幅画。我找出一张国外明信片，用红圆珠笔画了她的头像和圣诞老人，写上祝她圣诞快乐的话。她在圣诞树下拿到，有些将信将疑。一会儿，她告诉我："我用红笔给我的头像补了两笔，看不出补过，圣诞老人一定是用我家的笔画的。"似乎是在委婉地表示她已经知道了真相。

七岁时，我们在朋友东东家，两家人一起过平安夜。她开玩笑："如果东东许愿要一个老公，第二天早晨会发现，圣诞树旁站着圣诞老人自己。"东东是单身妈妈，她的玩笑开得很有水平。她自己许的愿是要一个螺丝钉，她的滑板车掉了一个螺丝钉，已经掉了很久了，无法配到。愿望虽然卑微，却使我们犯了难，红便诱导她改变愿望，她同意要一个地球仪。

种种蛛丝马迹，显然已足以使她心中生疑。

然而，在这之后，她仍表现得对圣诞老人似乎坚信不疑。

九岁时，因为她在集邮，我想给她买一本集邮册作为圣诞礼物，走了许多地方，都没有买到。这天已是平安夜，礼物仍没有着落，我想让她对没有礼物有思想准备，在电话里对她说："圣诞老人很忙，可能会忘记送礼物的。"她认真地反驳道："圣诞老人一年只工作这一天，用一年的时间准备礼物，不会忘记的。"我没有了退路，在一家文具店里买了两本漂亮的笔记本，回到家，她已睡，我把笔记本放在圣诞树下，心中不安，不知她能否满意。第二天，她看见了，表示有礼物就行，态度很平静。

　　她到底是否真的相信有圣诞老人呢？这个圣诞节后不久，有一天，她告诉我，班上一个男生对她说，圣诞老人是虚构的，他就从来没有收到过圣诞老人的礼物。她给他分析原因说："这是因为你没有向圣诞老人许愿，说明你想要什么礼物。"可是，事实上，她一定清楚，这个圣诞节她也没有许愿，而对于得到什么礼物则完全不挑剔。

　　啾啾十岁，是小学五年级学生了。圣诞节前好几天，她把一个精致的小信封放在圣诞树下。红偷偷看，里面是一封信，两张崭新的 50 元人民币，还有一张她自制的钱，上面画了圣诞小屋和圣诞树，写了"2008 年制造"的字样，面额是 500 元。信的全文如下：

圣诞老人：

　　您好！

　　圣诞节终于又到了，我非常兴奋。不知神的世界用不用人类的纸币，不管用不用，随信给您的 100 元和自制钱都是微不足道的报偿中的一份，让您对人类的情况有所了解。我今年想要一个宽发卡和扭扭笔，最好加上流苏靴。我想给妈妈项链，给爸爸烟斗，希望您能赞助。

　　祝您天天快乐！

——您真诚的啾啾

　　红看完了，激动不已，对我说："真可爱，十岁了，还这么天真，而文字却这么老练。"

圣诞节早晨，她在圣诞树下看到了想要的礼物，包括一双漂亮的靴子。她问妈妈："你是不是圣诞老人？"晚上，她问我同样的问题。我说："世界上最爱你的人就是圣诞老人。"她表示同意，然后用遗憾的口气说："我最爱爸爸妈妈，可惜我没有能力给你们买礼物。"我说："你从小到现在，给我们画了许多可爱的贺卡，还给我们带来了这么多快乐，这些都是你给我们的礼物。"她释怀了。

以后的圣诞节，啾啾还会不会向圣诞老人许愿，还会不会为圣诞礼物惊喜？当然会的，因为她心中的圣诞老人已经超越形体，获得永生，那就是爱、善良和感恩。

在西方传入中国的节日中，圣诞节是最可爱的。圣诞节之所以可爱，是因为有一个可爱的圣诞老人。

和圣诞节对应的中国节日是春节，可是，春节却没有一个对应的标志性的可爱形象。我们也许只能举出财神爷，现在许多中国人的确逢年过节就拜财神爷。有谁敢把财神爷和圣诞老人做一个对比吗？一个是那样慈祥和洁净，一个是这样猥琐和肮脏！

圣诞老人是一个美丽的童话，它带给孩子们的不只是惊喜和欢乐，更是健康的价值观，所传播的是出自喜欢而非出自利益的心愿，是梦想的力量和梦想成真的喜悦，以及对爱和善良的坚定信念。

当然，无论哪个孩子，或早或迟，都总有一天会知道，圣诞老人并不真正存在，只是一个童话。但是，既然善的种子已经播下，这又有什么关系呢？

有一次，安徒生住在一个守林人的家里，他到林中散步，看见那里草地上有许多蘑菇。于是，他准备了一些小礼物，有糖果、蜡花、缎带等，然后重返草地，分放在蘑菇下面。翌日早晨，他带守林人的女儿去林中，这个七岁的小女孩在不同蘑菇下发现了意外的小礼物，眼中闪现莫大的惊喜。安徒生告诉她，这些东西都是地下的精灵藏在这里的。一个神父听了叙述，愤怒地责备道："你欺骗了天真的孩子。"安徒生答道："不，这不是欺骗。她会终身不忘这件事。我敢说，她的心，不会像没有体验过这个奇妙的事情的人那样容易变得冷酷无情。"

是的，一个相信童话的孩子，即使到了不再相信童话的年龄，仍是更容易相信善良和拒绝冷酷的。

（摘自《宝贝，宝贝》第二卷）

小小语言学家

　　学会行走和言说是一个孩子从婴儿期进入幼儿期的标志，而这恰好是在一周岁上下。一个会行走的孩子，获得了主动接触事物的自由，物理的世界变广阔了。一个会言说的孩子，获得了表达和交流的自由，精神的世界变广阔了。

　　从一岁半开始，幼儿的语言发展就进入了活跃期，并且越来越精彩纷呈。事实上，在人的一生中，幼儿期是语言能力的高峰，对于大多数人来说，也许是以后再也抵达不了的。在女儿生长的过程中，幼儿的语言表现给我带来的惊喜是不可比拟的。我深切地感到，这是天地间最奇妙的精神现象之一，是真正的天籁，是从大自然的性灵中迸发出来的音乐。然而，这么美妙的音乐，人间能得几回闻，它们几乎必不可免地会随着幼儿期的结束而消逝。仿佛是意识到它们的稍纵即逝和一去不可返，我贪婪地记录和收藏它们，做了大量笔记。我敢斗胆说，对于一个幼儿的语言表现，也许还不曾有人做过这样仔细的观察和记录，至少我还没有看到有人发表过。为孩子、为我自己、也许还为儿童心理学保存了这一份宝贵的资料，是我最感庆幸的一件事。

　　幼儿的语言一派天真，充满童趣。她与万物交谈，太阳、月亮、动物、玩具都是她的伙伴。她经常说出令人捧腹的傻话，也经常说出令人汗颜的真话。她时而用小大人的口气说幼稚的话，时而用稚嫩的声音说地道的大人话。

根据我的观察，我还发现，幼儿都是小小语言学家，对语言的感觉非常细腻，对词的含义极其认真，很讲究表达的准确和精确。同时，又是天生的诗人，富有想象力和创造性，擅长表达的生动，常常不假思索便口吐妙语，其形象、贴切、新颖、精辟，绝对是成人难以企及的，哪怕这个成人是作家，尤其这个成人是作家，比如我。这是伊甸园里的文学，人刚刚学会命名，词汇十分有限，却是新鲜的，尚未沦为概念。眼前的景物，心中的感觉，也都是新鲜的，尚未被简化为雷同的模式。用新鲜的语言描述新鲜的事物和感觉，正是本来意义的文学。如同儿童绘画一样，儿童的语言表达也是一个宝库，是文学的源头活水，是大师们学习的好课堂。

　　许多文豪回顾自己的文学生涯时，在其开端都会发现一个善讲故事的老奶奶、老外婆或老保姆。在今天的时代，这样的老妇已经十分稀缺，所以文豪也相应稀缺，至少难觅那种吸取充足民间营养的人民文豪了。不过，时代不同，不必在意。我想说的是，不论什么时代，在孩子心智的生长中，故事都发挥着重要的作用，讲故事和听故事是发展孩子的好奇心、想象力及语言能力的主要途径之一。我们常常给孩子讲故事，所讲的故事，有经典童话之类，也有自编的。我更喜欢自编，也鼓励孩子自编，这是对她的想象力和叙述能力的直接训练。其实，孩子不但喜欢听故事，而且也都喜欢编故事，就看大人能否热情地倾听并且善于推波助澜了。

（摘自《宝贝，宝贝》第二卷）

孩子比大人幽默

幼儿的心智是一片欣欣向荣的苗圃，各种精神作物破土而出，同生共长，交相辉映，幽默也是其中之一。当然，幽默不是一种孤立的品质，毋宁说是诸多心智要素的综合表现，是新生命在生长过程中绽放的智性花朵，是健康生命遏止不住的灵性笑声。

我从女儿身上看到，孩子天然地具有幽默的倾向，喜欢而且善于逗趣、调侃、讽刺、自嘲，事实上比绝大多数成人更善于表达和理解幽默。

人生有两个时期最盛产幽默。一是孩提时期，倘若家庭是幸福的，生活的氛围是欢快的，孩子往往会萌生幽默感，用戏谑、调侃、嘲弄、玩笑来传达快乐的心情。这是充满活力的新生命发出的天真单纯的欢笑。另一是成熟时期，一个人倘若有足够的悟性，又有了足够的阅历，就会藉幽默的态度与人生的缺憾和解。这是历经沧桑而依然健康的生命发出的宽容又不乏辛酸的微笑。我相信，如果一个人在孩提时期拥有前一种幽默，未来就比较容易拥有后一种幽默。幽默有两个要素，一是健康的生命，二是超脱的眼光。孩子的幽默源于前者，但已经包含后者。当孩子对人对事调侃的时候，实际上已经从日常生活的语境中跳了出来，发现了用另一种眼光看生活的可能性。在想象中或在现实中看到生活的好玩和可笑，这种能力对于人生至关重要，总有一天用得上。在这个世界上，人倘若没有在苦难中看到好玩、在正经中看到可笑的本领，怎么能保持生活的勇气！

千万不要低估幽默品质的价值，它是一个人的综合素质的体现，其中交织了开朗的性格，达观的胸怀，敏锐的智力，智慧的人生态度。倘若一个人的幽默品质在孩子时期得到鼓励和发展，所有这些素质的生长就获得了一个良好的开端。

孩子天然地具有幽默的倾向，但这种倾向需要得到鼓励，才能充分地展现出来，而这就是父母的责任了。有一些正经的父母，自己十分无趣，看见孩子调皮就加以责罚，听见孩子的有趣话语也无动于衷，我真为他们的孩子感到冤枉。在干旱的沙漠中，孩子的智性花朵过早地枯萎了。在沉寂的闷屋中，孩子的灵性笑声过早地暗哑了。如果一个孩子天赋正常却不会幽默，责任一定在大人。

（摘自《宝贝，宝贝》第二卷）

守护童年

　　那个用头脑思考的人是智者，那个用心灵思考的人是诗人，那个用行动思考的人是圣徒。倘若一个人同时用头脑、心灵、行动思考，他很可能是一位先知。在我的心目中，圣艾克絮佩里就是这样一位先知式的作家。

　　世上只有极少数作品，既高贵又朴素，既深刻又平易近人，从内容到形式都几近于完美，却不落丝毫斧凿痕迹，宛若一块浑然天成的美玉。它们仿佛是人类精神园林里偶然绽放的奇葩，可是一旦产生，便超越时代和民族，从此成为全人类的传世珍宝。在我的心目中，《小王子》就是这样一部奇书，一部永恒之作。

　　每次读《小王子》，我都被浸透全书的忧郁之情所震撼。圣艾克絮佩里是忧郁的，这忧郁源自他在成人世界中感到的异乎寻常的孤独。正是在无可慰藉的孤独中，他孕育出了小王子这个无比纯真美好的形象。小王子必须到来，也当真降落在了地球沙漠，否则圣艾克絮佩里何以忍受人间沙漠的孤独呢。

　　我相信，最好的童话作家一定是在俗世里极孤独的人，他们之所以给孩子们讲故事，绝不是为了消遣和劝喻，而是要寻求在成人世界中不能得到的理解和共鸣。也正因为此，他们的童话同时又是写给与他们性情相通的大人看的，用圣艾克絮佩里的话说，是献给还记得自己曾是孩子的大人的。安徒生同样如此，自言写童话也是为了让大人们想想。是的，凡童话佳作都是值得成年人想想的，它们如同镜子一样照出了我们身上业已习以为常的庸俗，从而回想起湮没已久的童心。

大人们往往自以为是正经人，在做着正经事。他们所认为的正经事，在作者笔下都显出了滑稽的原形。到达地球前，小王子先后访问了六颗星球，分别见到一些可笑的大人，发现大人们全在无事空忙，为权力、虚荣、怪癖、占有、职守、学问之类表面的东西活着。小王子得出结论：大人们不知道自己到底要什么。

可是孩子们知道。书中一个扳道工嘲笑说，大人们从不满意自己所在的地方，总是到处旅行，然而在列车里只会睡觉或打哈欠，"只有孩子们才会把脸贴在车窗上压扁了鼻子往外看"，结论是："孩子是有福的。"

孩子们充满好奇心，他们眼中的世界美丽而有趣。我在所有的孩子身上都观察到，孩子最不能忍受的不是生活的清苦（大人们才不能忍受呢），而是生活的单调、刻板、无趣。几乎每个孩子都热衷于在生活中寻找、发现、制造有趣，并报以欢笑。相反，大人们眼中只有功利，生活得极其无聊，包括作为时尚互相模仿的无聊的休闲和度假。

小王子说："只有孩子们知道自己在找寻什么。他们花时间在一个破布娃娃身上，于是这个布娃娃就变得很重要，如果有人夺走，他们就会哭。"是的，孩子并不问布娃娃值多少钱，它当然不值钱啦，可是，他们天天抱着它，和它说话，便对它有了感情，它就比一切值钱的东西更有价值了。一个人在衡量任何事物时，看重的是它们在自己生活中的意义，而不是在市场上能卖多少钱，这样一种生活态度就是真性情。许多大人之可悲，就在于失去了儿时曾经拥有的真性情。

住在自己的星球上时，小王子与一株玫瑰为伴，天天照料她。到地球后，在一片盛开的玫瑰园里，他看见五千株玫瑰，不禁怀念起自己的那株玫瑰来。他的那株玫瑰与眼前这些玫瑰长得一模一样，但他却觉得她是独一无二的。这是为什么呢？那只请他驯服自己的狐狸告诉他："正是你花在玫瑰上的时间让你的玫瑰变得如此重要。对于你使之驯服的东西，你是负有责任的。"

为一个布娃娃花了时间，那个布娃娃就变得重要了。为一株玫瑰花了时间，那株玫瑰就变得重要了。作者在这里谈的已经不只是孩子，更是他的人生哲学，孩子给了他灵感，阅历和思考使这灵感上升为哲学。驯服，责任，爱，是圣艾克絮佩里哲学中的关键词。因驯服而产生责任，因责任而产生爱，这才是正确的关系，从而使生活变得有意义。

由驯服、责任、爱所产生的意义，是人生中本质的东西，而"本质的东西，眼睛是看不见的"。但是，正是这看不见的东西使世界显得美丽。"沙漠之所以美丽，是因为在某个地方藏着一口井。"唯有心灵的眼睛才能看见世界的美，那些心灵眼睛关闭的人，只看见孤立的事物及其功用，看不见人与事物的精神关联，看不见意义，因而也看不见美，他们眼中的世界贫乏而丑陋。

我相信，当我们在人生沙漠上跋涉时，童年就是藏在某个地方的一口井。始终携带着童年走人生之路的人是有福的，由于心中藏着永不枯竭的爱的源泉，最荒凉的沙漠也化作了美丽的风景。

中外许多哲人都强调孩子对于成人的启示，童年对于人生的价值。中国道家摒弃功利，崇尚自然，老子眼中的理想人格是"复归于婴儿"。儒家推崇道德上的纯粹，孟子有言："大人先生者不失赤子之心。"《圣经·新约》中，耶稣如是说："你们如果不回转，变成小孩的样子，就一定不得进天国。"帕斯卡尔说："智慧把我们带回到童年。"泰戈尔说："在人生中童年最伟大。"民族和时代迥异，着重点也不尽同，共同的是把孩子视为人生的榜样，告诫我们守护童年，回归单纯。

与成人相比，孩子诚然缺乏知识。然而，他们富于好奇心、感受性和想象力，这些正是最宝贵的智力品质，因此能够不受习见的支配，用全新的眼光看世界。与成人相比，孩子诚然缺乏阅历。然而，他们诚实、坦荡、率性，这些正是最宝贵的心灵品质，因此能够不受功利的支配，只凭真兴趣做事情。如果一个成人仍葆有这些品质，我们就说他有童心。凡葆有童心的人，往往也善于欣赏儿童，二者其实是一回事。

在生理的意义上，人当然不可能停留在童年，也不可能重新变回孩子。但是，在精神的层面上，我们可以也应该把童年最宝贵的财富带到成年，葆有童心，使之生长为牢不可破的人生智慧。童年是人生智慧生长的源头，而所谓人生智慧无非就是拥有一颗成熟了的童心，因为成熟而不会轻易失去罢了。

然而，这是一个很高的要求，世人的所谓成熟恰恰是丧失童心的同义语，记得自己曾是孩子的大人何其少，圣艾克絮佩里因此感到孤独。我本人的经验告诉我，人生中有一个机会，可以帮助我们最大限度地回到孩子的世界，这就是为人父母的时候。我无比珍惜这样的机会，先后写了两本书记录我的体会，便是为因病夭折的第一个女儿写的《妞妞——一个父亲的札记》（1995）和为健康成长的第二个女儿写的《宝贝，宝贝》（2009）。作为哲学学者，我的工作是翻译和研究尼采的著作，但我始终认为，我更重要的使命是表达我亲历的人生体悟，写出我的生命之作。圣艾克絮佩里热爱尼采，我也如此，哲学和孩子是孤独中两个最好的救星。

爱默生说："婴儿期是永生的救主，为了诱使堕落的人类重返天国，它不断地重新来到人类的怀抱。"的确，在亲自迎来一个小生命的时候，人离天国最近。这时候，生命以纯粹的形态呈现，尚无社会的堆积物，那样招我们喜爱，同时也引我们反省。现代人的典型状态是，一方面，上不接天，没有信仰，离神很远，另一方面，下不接地，本能衰退，离自然也很远，仿佛悬在半空中，在争夺世俗利益中度过复杂而虚假的一生。那么，从上下两方面看，小生命的到来都是一种拯救，引领我们回归简单和真实。我们因此体会到，人世间真实的幸福原是极简单的，只因人们轻慢和拒绝神的礼物，偏要到别处去寻找幸福，结果生活越来越复杂，也越来越不幸。我们还体会到，政治，文化，财富，浪漫，一切的不平凡最后都要回归平凡，也都要按照对人类平凡生活的功过来确定其价值。

（本文应《新法兰西杂志》之约而写）

2013 年 3 月

童年记忆和时代变迁

——"中国百年个体童年史"系列作品总序

　　每个人都曾经是儿童，都有过用儿童的眼睛看世界的时候。儿童的眼睛好奇而纯净，能见成人所不能见，在平淡中见有趣，在平凡中见真理。长大以后，我们几乎不可避免地失去了这种眼光，但多少会记得当年用它看世界的印象，它们是我们心灵中永远的财富。

　　每个人心中都藏着珍贵的童年记忆。童年是人生的黎明，万物在晨曦里闪放着迷人的光辉。这光辉并未消散，在我们的记忆中，它永远笼罩着我们的童年岁月。所以，一个人无论到了什么年龄，回忆起童年岁月，心中都会有莫名的感动和惆怅。

　　每个人的童年记忆又是非常个体化的，并且必然会染上时代的色彩。在不同年代度过童年，童年生活及其留下的记忆会很不同。对于同一个年代，儿童和成人的视角也会很不同。映照在儿童的眼睛里，相关年代的社会场景和风俗会呈现丰富而有趣的细节，从而为历史记录提供了一个特殊的角度。

　　基于上述理由，我对这套书的创意颇为欣赏。主编挑选了九位作者，年龄依次从上个世纪 10 后到 90 后，时间跨度近百年，请每人写一本童年回忆。作者都是在北京度过童年的平凡人，回忆的也是一些平凡事，文字皆朴实，求的只是一个真。把这九本回忆连贯地读下来，我们既可感受到不同年代儿童相同的童真和童趣，又能看到同一个北京从军阀混战、民国、解放初直到"文革"和改革开放近百年变迁的轨迹。打通个体童年史和区域社会史，用童年记忆呈现时代变迁，我认为这个尝试是这套书最有价值的地方。

2012 年 7 月

第四辑

如何做父母

我只是一个普通的父亲

——《宝贝，宝贝》序

宝贝，宝贝，在写这本书的时候，这个词一直重叠着在我的心中回响，如同一个最温柔也最深沉的旋律。

宝贝，宝贝。

女儿是我的宝贝。小生命来到世上，天下的父母哪个不心醉神迷，谛视着婴儿花朵一样的脸蛋，满腔的骨肉之爱无以表达，一声声唤宝贝，千言万语尽在其中。

和女儿一起度过的时光，是我的生命中的宝贝。养育小生命是人生最宝贵的经历之一，其中有多少惊喜和欢笑，多少感悟和思考，给我的心灵仓库增添了多少无价的珍宝。

宝贝，宝贝，我的女儿，我的生命中的时光。

我也许命中该做父亲，比做别的什么都心甘情愿，绝对不会厌烦。我想不出，在人生中，还有什么事比养儿育女更有吸引力，更能使人身不由己地沉醉其中。

我的妻子常说，没见过像我这么痴情的爸爸。周围的朋友，看见我这么陶醉地当爸爸，有的称赞我是伟大的父亲，有的惋惜我丧失了革命的斗志。我心里明白，伟大根本扯不上，我是受本能支配，恰恰证明我平凡。至于丧失了斗志，我不在乎，倘若一种斗志会被生命自身的力量瓦解，恰恰证明它没有多大价值。

性是大自然最奇妙的发明之一，在没有做父母的时候，我们并不知道大自然的深意，以为它只是男女之欢。其实，快乐本能是浅层次，背后潜藏着深层次的种属本能。有了孩子，这个本能以巨大的威力突然苏醒了，一下子把我们变成了忘我舐犊的傻爸傻妈。

爱孩子是本能，但不止于本能。无论第几次做父亲，新生命的到来永远使我感到神秘。一个新生命的形成，大自然不知运作了多少个世纪，其中不知交织了多少离奇的故事。

我的女儿，你原本完全可能不来找我，却偏偏来了，选中我做你的父亲，这是何等的信任。如果有轮回，天下人家如恒河之沙，你这一个灵魂偏偏投胎到了我的家里，这是何等的因缘。如果有上帝，上帝赐给了我生命，竟还把照看你的生命的荣耀也赐给了我，这是何等的恩宠。面对你，我庆幸，我喜乐，我感恩。

我有写日记的习惯。女儿出生后，她成了我的日记里的主角。这很自然，因为她也成了我的生活里的主角。我情不自禁地记下她的一点一滴表现，如同一个藏宝迷搜集一颗又一颗珠宝，简直到了贪婪的地步。尤其从她咿呀学语开始，我记录得格外辛勤，语言能力的每一点进步，逐渐增多的有趣表达，她的奇思妙想和惊人之言，只要听到，我就赶紧记下来，生怕流失。事实上，如果不记下来，绝大部分必定流失。

这当然是需要一点儿毅力的，因为养育孩子既是最快乐的，也是最劳累的，这种劳累往往使人麻木和怠惰，失去了记录的雅兴和余力。不过，我是欲罢不能。我清楚地意识到，孩子年幼的这一段时光，生命初期的奇妙景象，对于我是一笔多么宝贵的财富，而这段时光是那样稍纵即逝，这笔财富是那样容易丢失。上天赐给了我这么好的运气，我决不可辜负。此时此刻，这就是我的事业和使命，其余一切必须让路。

物质的财宝，丢失了可以挣回，挣不回也没有什么，它们是这样毫无个性，和你本来就没有必然的关系，只不过是换了一个地方存放罢了。可是，你的生命中的珍宝是仅仅属于你的，它们只能存放在你的心灵中和记忆中，如果这里没有，别的任何地方也不会有，你一旦把它们丢失，就永远找不回来了。

当我现在重读和整理这些记录时，我发现，在女儿二至五岁的四年里，记的精彩段子最多，以后就大为减少了。我认为，这并不意味着她后来退步了，而是显示了一种规律性的现象。二至五岁正是幼儿期，心智的各个要素，包括感觉、认知、语言、想象，如同刚破土的嫩苗，开始蓬勃生长。一方面，这些要素尚未分化，浑然一体，相得益彰；另一方面，又尚未被成人世界的概念思维和功利计算所同化，清新如初。人们对于幼儿绘画赞美有加，其实，幼儿语言毫不逊色，同样富于独创性。这是原生态的精神现象，奇妙无比，在生命的以后阶段绝不可能重现。打一个未必恰当的比方，犹如中国的先秦文化和欧洲的古希腊文化不可能重现一样。长大以后，在较好的情形下，心智的某一要素得到良好发展，成为某一领域的能者。在最好的情形下，心智保持纯真的品质和得到全面的发展，那就是天才了。

如果说，生命早期的精彩纷呈对于做父母的是宝贵财富，那么，对于孩子自己就更是如此了。但是，孩子身在其中，浑然无知，尚不懂得欣赏和收藏它们，而到了懂得的年纪，它们早已散失在时光中了。为孩子保住这一份财富，这只能是父母的责任。在为女儿做记录时，我经常想，她长大后，有一天，我把这一份记录交到她的手上，她会多么欣喜啊。这是真正的无价之宝，天下父母能够给孩子的礼物，不可能有比这更贵重的了。

现在有一些父亲或母亲以自己的孩子为题材写书，写的是他们很特别的育儿经历。他们有宏大的目标和周密的计划，从零岁开始，一步一步，把自己的孩子培育成天才，终于送进了哈佛或牛津。在我的这本书里，没有一丁点儿这样的东西。事实上，我也不是这种目光远大、心思缜密的家长，而只是一个普通的父亲罢了。对于我的女儿，我只希望她健康、快乐地生长，丝毫不想在她身上施展我的宏图。

从一个人教育孩子的方式，最能看出这个人自己的人生态度。那种逼迫孩子参加各种竞争的家长，自己在生活中往往也急功近利。相反，一个淡泊于名利的人，必定也愿意孩子顺应天性愉快地成长。我由此获得了一个依据，去分析貌似违背这个规律的现象。譬如说，我基本可以断定，一个自己无为却逼迫孩子大有作为的人，他的无为其实是无能和不得志；一个自己拼命奋斗却让孩子自由生长的人，他的拼命多少是出于无奈。这两种人都想在孩子身上实现自己的未遂愿望，但愿望的性质恰好相反。

家庭教育是人的一生教育的起点和基础，具有学校教育不可替代的重要作用。在这个意义上，我也认为好父母胜过好老师。不过，什么是好父母，人们的观念截然不同。我自认为是一个好父亲，理由仅仅在于，当女儿幼小时，我是她的一个好玩伴，随着她逐渐长大，我在争取成为她的一个好朋友。我一向认为，做孩子的朋友，孩子也肯把自己当作朋友，乃是做父母的最高境界。至于在我们之间，谁是老师，谁是学生，还真分不清楚，我只能说，我从她那学到的，绝不比她从我这学到的少。

做人和教人在根本上是一致的。我在人生中最看重的东西，也就是我在教育上最想让孩子得到的东西。进一个名牌学校，谋一个赚钱职业，这种东西怎么有资格成为人生的目标，所以也不能成为教育的目标。我的期望比这高得多，就是愿她成为一个善良、丰富、高贵的人。

如此看来，这是一本很普通的书了。的确很普通，但凡做父母的，只要有足够的细心和耐心，会写字，谁都可以写这样的一本书。然而，它并不因此就没有了价值，相反，也许这正是它的价值之所在。

世上已经有太多的书，讲述各种伟大的真理、精彩的故事、成功的楷模，我无意加入其列。我只想叙述平凡的生活，叙述平凡生活中的一个珍贵的片断。人们大约不会认为这只是一本谈育儿的书吧。但愿在读了这本书以后，有更多的人相信，伟大、精彩、成功都不算什么，只有把平凡生活真正过好，人生才是圆满。

世代交替，生命繁衍，人类生活的基本内核原本就是平凡的。战争，政治，文化，财富，历险，浪漫，一切的不平凡，最后都要回归平凡，都要按照对人类平凡生活的功过确定其价值。即使在伟人的生平中，最能打动我们的也不是丰功伟绩，而是那些在平凡生活中显露了真实人性的时刻，这样的时刻恰恰是人人都拥有的。遗憾的是，在今天的世界上，人们惶惶然追求貌似不平凡的东西，懂得珍惜和品味平凡生活的人何其少。

所以，我的这本书未尝不是一个呼唤。

最后，我要对女儿说几句话。

宝贝，我要你记住，你是一个普通的女孩。我之所以写你，不是因为你多么特别，只是因为你是我的女儿。在写你的这本书出版以后，你也仍然是一个普通的女孩，不会因为这本书而变得特别。

当然，我也只是一个普通的父亲，与别的爱自己孩子的父亲没有什么两样。我写这本书，不是因为我是作家。我不是作家，也一定会写这本书，只因为我是你的爸爸。这是一个普通的父亲为他所爱的女儿写的一本书。

一个普通的父亲，爱他的一个普通的女儿，这是我写这本书的全部理由。

爱，这一个理由已经足够。

在这本书里，我只写了你从出生到刚上小学的事情。宝贝，你还记得吧，我们有一个约定，往后的事情，将来由你自己来写。爸爸的想法是，将来你不一定要写书，写不写书不重要，爸爸从来没有想把你培养成一个作家，只希望你成为一个珍惜自己生活经历的人。读了这本书，如果你不但为其中写的你幼小时候的事开心一笑，而且领略到了记录生活的魅力，养成写日记的习惯，我会非常高兴的。你将慢慢体会到，一个认真写日记的人，生活的时候是更用心、更敏锐、更有自己的眼光的，她从生活中获得的更多，更是生活的主人。

2009 年 11 月

对父母们说

1. 生孩子是冒险，但值得

一位悲观的女子问我：这个世界如此不安全，把孩子生到这个世界上来，是否太冒险了，甚至太不负责任了？

我的回答是：生孩子的确是冒险，但值得。事实上，无论世态如何，一个生命在生长过程中总是充满不测的，包括各种可能的天灾和人祸。但是，这不能成为剥夺孩子出生权利的理由，我们自己也不应该因此放弃亲子之情的欢乐。如果以确保安全为前提，没有一个生命有权出生，我们自己也不例外。

我问她：你是否宁愿你的父母没有生你，你压根儿不曾在这个世界上生活过呢？她陷入了沉思。但愿她的答案是否定的，否则，她的确悲观到了极点，也许我就只好告诉她：你不该生孩子。不，我要告诉她：快生孩子吧，孩子会治好你的悲观。

2. 父母怎样爱孩子

做父母的很少有不爱孩子的，但是，怎样才是真爱孩子，却大可商榷。现在的普遍方式是，物质上无微不至，功课上步步紧逼，精神上麻木不仁。在我看来，这样做不但不是爱孩子，而且是在害孩子。

真爱孩子的人，一定会努力让孩子有一个幸福的童年，以此为孩子一生的幸福奠定基础。具体怎么做，我说一说我的经验供参考。要点有三。其一，舍得花时间和孩子游戏、闲谈、共度欢乐时光，让孩子经常享受到活生生的亲情。其二，尽力抵制应试教育体制的危害，保护孩子天性和智力的健康生长。其三，注意培育孩子的人生智慧和独立精神，不是给孩子准备好一个现成的未来，而是使孩子将来既能自己去争取幸福，又能承受人生必有的苦难。

3. 父母怎样对孩子的将来负责

做父母的当然要对孩子的将来负责，但只能负起作为凡人的责任，其中最重要的，就是悉心培养正确的人生观和乐观坚毅的性格，使他具备依靠自己争取幸福和承受苦难的能力，不管将来的命运如何，都能以适当的态度面对。至于孩子将来的命运究竟如何，可能遭遇什么，做父母的既然无法把握，就只好不去管它，因为那是上帝的权能。

一个孩子如果他现在的状态对头，就没有必要为他的将来瞎操心了。如果不对头，操心也没用。而且，往往正是由于为他的将来操心得太多、太细、太具体，他现在的状态就不对头了。

4. 糊涂的雄心

现在做父母的似乎都有一个雄心，要亲手安排好孩子的整个未来，从入学、升学到工作、出国，从买房、买车到结婚、生子，皆未雨绸缪，为之预筹资金，乃至亲自上阵拼搏，觉得这样才是尽了责任。我想提醒你们的是：孩子的未来岂是你们决定得了的？他的未来，一半掌握在上帝手里，即他的外在遭遇；另一半掌握在他自己手里，即他应对外在遭遇的心态和能力。对于前一半，你们完全无能为力，只能为他祈祷。对于后一半，你们倒是可以起很大作用的，就是给他以正确的教育，使他在心智上真正优秀，从而既能自己去争取幸福，又能承受人生必有的苦难。倘若你们不在这方面下功夫，结果培养出了一个心智上的弱者，则我可断定，有朝一日你们必定会发现，你们现在为他的苦心经营全都是白费力气。

5. 家长怎样对待应试教育

我认为，在现行应试教育体制下，好的家庭教育对于学校教育应该起到两个作用。一是给素质教育加分，以弥补学校里素质教育的缺失。这当然要求家长自身具备较高的素质，从而能够在课外阅读、兴趣培养、艺术熏陶等方面给孩子以影响和指导。二是给应试教育减负，以保护孩子的身心健康。孩子已经承受了巨大的功课压力，家长至少不应该再加压，在课外给孩子加上各种培训班、补课班的重负。家长自己能以平常心看待孩子的应试成绩，也会使孩子在心理上轻松不少。相反，家长的紧张心理和苛责行为往往是笼罩在孩子心灵上的最浓重的阴影，是导致孩子痛苦乃至崩溃的直接原因。

6. 做好监护人即可安心

做父母的要明白，无论多么心肝宝贝，孩子也只是暂时寄养在你们这里的，你们只能做孩子的暂时监护人。我不只是指孩子迟早会长大，独立地走自己的人生之路，送行的一天必将到来，你们再舍不得也不可能与之同行。我的意思比这深刻得多。父母所生的只是孩子的身体，而非灵魂，我相信灵魂必定另有来源，而这来源决定了它在人世间的走向。由此可以解释，不管父母多么精心地设计和运作，孩子的未来并不听从你们的安排，往往还使你们大吃一惊。所以，父母的职责是做好监护人，给孩子身心成长一个好的环境，做到了这一点即可安心。至于孩子将来终于走了一条怎样的路，那不是你们能支配的，荣耀不是你们的功劳，黯淡不是你们的过错。

小生命给父母的启示

在事物上有太多理性的堆积物：语词、概念、意见、评价等等。在生命上也有太多社会的堆积物：财富、权力、地位、名声等等。天长日久，堆积物取代本体，组成了一个牢不可破的虚假的世界。

生命是人的存在的基础和核心。个人建功创业，致富猎名，倘若结果不能让自己安身立命，究竟有何价值？人类齐家治国，争霸称雄，倘若结果不能让百姓安居乐业，究竟有何价值？

生命所需要的，无非空气、阳光、健康、营养、繁衍，千古如斯，古老而平凡。但是，骄傲的人啊，抛开你的虚荣心和野心吧，你就会知道，这些最简单的享受才是最醇美的。

一个小生命的到来，是启示我们回到生命本身的良机。这时候，生命以纯粹的形态呈现，尚无社会的堆积物，那样招我们喜爱，同时也引我们反省。这时候，深藏在我们生命中的种族本能觉醒了，我们突然发现，生命本身是巨大的喜悦，也是伟大的事业。

爱默生说："婴儿期是永生的救世主，为了诱使堕落的人类重返天国，它不断地来到人类的怀抱。"我想，人类的堕落岂不正在于迷失在堆积物之中了，婴儿期诱使我们重返的天国岂不正是生命本身？

（摘自《宝贝，宝贝》第一卷）

亲情是相认

孩子离开母腹，来到世上，立刻置身在一个陌生的环境里了。在这个环境里，有一个女人和一个男人，如同对其他一切人一样，孩子一开始对他们也是陌生的。同样，这个女人和这个男人也是在孩子出生时才初次看见孩子，在此之前，无论怎么想象，他们对这个孩子都不能形成一个清楚的表象。父母和孩子之间当然有着血缘的联系，但是，孩子出生的那个时刻，却非常像是一种陌生人相遇的情境。

然后，在朝夕相处之中，父母和孩子之间开始了一个相认的过程。这个过程对于父母也是存在的，生活中突然闯进了一个新生命，自己突然成了这个新生命的父母，需要相当时间才能摆脱做梦似的恍惚感和不真实感。不过，孩子似乎是更主动的一方，她（他）用她（他）对你的接受、依赖和信任引领着这个相认的过程。有一天，你忽然发现，当她（他）喊你爸爸妈妈时，你是如此理所当然地应答，你做父母的感觉无比踏实，仿佛天老地荒就已经是她（他）的父母了。

婴儿和父母相认的第一步是凝视。

心理学家告诉我们，在世间万物中，新生儿最喜欢看的是人脸。当然，首先是父母的脸，因为父母的脸不但是她最经常看见的，而且在她面前是最有表情的。孩子被人脸吸引，主要是被脸上的表情吸引。和婴儿互相凝视的感觉是奇特而令人入迷的，心中充满了宁静的喜悦和莫名的感动。

和大人相处，是不可能有这种体验的。大人和大人之间似乎不宜长久地对视。大人的世界太复杂了，眼神的表达和解读包含了太多社会性的含义。如果要表达欣赏、感激、友善、默契等等，会心的一瞥足矣。一个大人被另一个大人长时间地盯视，心里会起反感或恐慌，因为那多半是质疑、审讯、挑衅的表示。两个大人互相长时间地盯视，则多半是一种仇恨的较量。大人之间需要有距离感，长久的盯视破坏距离感，成了非礼和冒犯，所以不适于表达正面的情感。唯一的例外是热恋中的情人，暂时没有也不需要距离感了，才可以无休止地眉目传情。

一个男人和一个女人站在教堂里，把手放在《圣经》上宣誓，彼此确认对方是妻子和丈夫，这是一个神圣的仪式。一个孩子把一个男人和一个女人唤做爸爸和妈妈，这呼唤出的第一声，没有也不可能举行任何仪式，但是，在我看来，其神圣性丝毫不亚于教堂里的婚礼。

一个男人使一个女人受孕，似乎是一个偶然的事件。可是，仔细想想，这个孕育出来的小生命，是多么漫长而复杂的因果关系的一个产物，它的基因中交织着多少不可思议的巧遇，包含了多少神秘的因缘。泰戈尔写道："我的主，你的世纪，一个接着一个，来完成一朵小小的野花。"一个小人儿就更是如此了。也许有人会说，这不过是上帝在掷骰子罢了。不错，但是，每掷一次骰子，都是排除了其余无数可能性而只确认了一种可能性，亘古岁月中一次次的排除和确认，岂不使得这最终的确认更具有了一种命定的性质？在大自然的生命谱系档案中，这一对父母与这一个孩子的缘分似乎早已注册了，时候一到，这一页就会翻开。

让我换一种方式来说。一个新生命的孕育和诞生，是一个灵魂的投胎。在基督教的天国里，或者在佛教的六道中，有无数的灵魂在飞翔或轮回，偏偏这一个灵魂来投胎了。这一个灵魂原可以借无数对男女的生育行为投胎，偏偏选中了你们这一对。父母和孩子的联系，在生物的意义上是血缘，在宗教的意义上是灵魂的约会。在超越时空的那个世界里，这一个男人、这一个女人、这一个孩子原本都是灵魂，无所谓夫妻和亲子，却仿佛一直在相互寻找，相约了来到这个时空的世界，在一个短暂的时间里组成了一个亲密的家，然后又将必不可免地彼此失散。每念及此，我心中充满敬畏、感动和忧伤，倍感亲情的珍贵。

（摘自《宝贝，宝贝》第一卷）

当孩子思考人生难题

　　孩子都是哲学家，——在女儿身上，我再一次验证了这个真理。人出生前在何处，死后去往哪里，什么是时间，世界有没有尽头，神是否存在，对于人生和世界的这些大谜，她在两三岁的时候就表露了困惑，到四五岁时则简直可以说是在进行痛苦的思考了。我的态度是赞赏和鼓励她去想这类无解的问题，想不通没有关系，怎么可能想得通呢，但这是爱智的起点，将会赋予她的灵魂以一种深度，赋予她的人生以一种高度。

　　韶光流逝，人生易老，人们往往以为只有成年人才会有这样的惆怅，其实不然。我们总是低估孩子的心灵。我自己的幼时记忆，我的女儿的幼时表现，都证明一个人在生命早期就可能为岁月匆匆而悲伤，为生死大限而哀痛。不要说因为我是哲学家，我小时候哪里知道将来会以哲学为业。不要说因为啾啾是哲学家的女儿，她的苦恼与哲学理论哪里有半点关系。我要再三强调：孩子的心灵比我们所认为的细腻得多，敏锐得多，我们千万不要低估。

　　那么，当孩子表露了这种大人也不堪承受的生命忧惧，提出了这种大人也不能解决的人生难题，我们怎么办？

　　首先，我们要留心，要倾听，让孩子感到，我们对他的苦恼是了解和关切的。如果家长听而不闻，置之不理，麻木不仁，孩子就会把苦恼埋在心底，深感孤独无助。

　　其次，要鼓励孩子，让他知道，他想的问题是重要的、有价值的，他能够想这样的问题证明他聪明、会动脑子。有一些愚蠢的家长，一听见孩子提关于死亡的问题就大惊小怪，慌忙制止，仿佛孩子做了错事。这种家长自己一定是恐惧死亡和逃避思考的，于是做出了本能的反应。他们这样反应，会把恐惧情绪传染给孩子，很可能从此就把孩子圈在如同他们一样的蒙昧境界中了。

最后，要以平等、谦虚的态度和孩子进行讨论，不知为不知，切忌用一个平庸的答案来敷衍。你不妨提一些可供他参考的观点，但一定不要做结论。我经常听到，当孩子对死亡表示困惑时，大人就给他讲一些大道理，什么有生必有死呀，人不死地球就装不下了呀，我听了心中就愤怒，因为他们居然认为用这些生物学、物理学的简单道理就可以打发掉孩子灵魂中的困惑，尤其是他们居然认为孩子灵魂中如此有价值的困惑应该被打发掉！

其实，一切重大的哲学问题，比如生死问题，都是没有终极答案的，更不可能有所谓标准答案。这样的问题要想一辈子，想本身就会有收获，本身就是觉悟和修炼的过程。孩子一旦开始想这类问题，你不要急于让孩子想通，事实上也不可能做到。宁可让他知道，你也还没有想通呢，想不通是正常的，咱们一起慢慢想吧。让孩子从小对人生最重大也最令人困惑的问题保持勇于面对的和开放的心态，这肯定有百利而无一弊，有助于在他的灵魂中生长起一种根本的诚实。孩子心灵中的忧伤，头脑中的困惑，只要大人能以自然的态度对待，善于引导，而不是去压抑和扭曲它们，都会是精神的种子，日后忧伤必将开出艺术的花朵，困惑必将结出智慧的果实，对此我深信不疑。

我们习惯于把情绪分为正面和负面，似乎烦恼、寂寞、无聊是纯粹负面的情绪，必须加以防止。我们总是强调对人生要有乐观和进取的态度，似乎悲观和守静是纯粹消极的态度，必须予以否定。在教育孩子时，我们尤其如此。我的看法不同。在我看来，正是一些被断为消极和负面的心情，可能是属于灵魂的。所以，当孩子出现这类心情时，不必大惊小怪，反而应该视为正面价值。我相信，有这类心情的孩子，心灵会更丰富、深刻。其实，哪个孩子没有呢，区别在多少，更在大人是否珍惜和理解。当然，凡事有一个度，孩子太深沉了也不好。不过，正因为是孩子，就不会太深沉，旺盛的生命力自然会在生命的欢乐和忧愁之间造成适当的平衡。

（摘自《宝贝，宝贝》第三卷）

素质是熏陶出来的

在我们家里，最多的东西是书，满壁都是书柜，总有好几万册吧。我和妻子的日常生活就是看书。我几乎不看电视，妻子也就看看球赛，偶尔看一两部电影。除了收发邮件，我们都基本不上网。在这样的氛围中，啾啾喜欢看书和学习，是再自然不过的事了。她看电视也很少，小时候看动画片，上学后连动画片也不怎么看了，因为课余的时间太有限，她要省着用，看她喜欢的书。至于网瘾之类，对于她就是一个遥远的传说了。

在学习上，啾啾是完全不用我们操心的，她乐在其中，自己就把一切安排好了。每天放学回来，她就坐在她房间里的桌前，自己在那里忙乎。做作业是丝毫不需要督促的，做完了作业，就自己想出一点事儿来做。我们不给她报任何课外班，也无须操心她的功课，但她的学习成绩始终优秀，可见只要真正注重素质的培养，应试会是相当轻松的事。她的班主任多次问我："你们是怎么教的？"我心想，我们没有怎么教呀。如果一定要找原因，大约是得益于熏陶吧。

我深信，熏陶是不教之教，是最有效也最省力的教育，好的素质是熏陶出来的。当然，所谓熏陶是广义的，并不限于家庭的影响。事实上，养成了阅读的习惯，也就开辟了熏陶的新来源，能够从好书中受到熏陶，这是良性循环，就像那些音乐家的孩子，在受到父母的熏陶之后，又从音乐中受到了进一步的熏陶一样。

也许有人会说：你是读书人，能给孩子以熏陶，普通人怎么办？我认为，从根本上看，对孩子的教育取决于父母的价值观，而不是职业和文化水平。天下父母都爱孩子，一切忙碌都是直接地或间接地为了孩子，如果你在这样的忙碌中经常能安静片刻，好好和孩子待在一起，去发现、欣赏和鼓励孩子的智力闪光，你的孩子一定也会越来越聪明。当然，要具备教育孩子的能力，父母自己的确需要提高。从做父母的那一天起，人生便向你提出了新的更高的要求，比如说，你至少可以在下班后少看一点电视，不给孩子树一个坏榜样吧？

（摘自《宝贝，宝贝》第三卷）

面对应试教育的方略

　　啾啾上小学后，作为家长，我面临一个难题，就是在现行教育体制的框架内，如何尽量减少其弊端之害，保护她的健康生长。有的家长采取决绝的态度，把孩子留在家里，自己教孩子，我认为这种方式弊大于利，使孩子既失去了与同龄人交往的机会，又不能受系统的基础教育，而这两点对于孩子的心智生长是非常重要的，所以从未予以考虑。但是，我也不会像许多家长那样，让自己和孩子完全被这个体制牵着走。有限度地顺应这个应试教育的体制，同时在其中最大限度地坚持素质教育的方向，戴着镣铐争取把舞跳得最好，也许是无奈中的最佳选择。

　　面对应试教育有两种方略。一种是完全把赌注押在应试教育上，竭尽全力让孩子成为优胜者，如果赢了，不过是升学占了便宜而已，如果输了，就输得精光。另一种是把重点放在素质教育上，适当兼顾应试，即使最后在升学上遭遇了一点挫折，素质上的收获却是无人能剥夺的，必将在孩子的一生中长久发生作用。

　　其实，根据我的体会，只要真正注重素质的培养，孩子有了好的智力素质，应试会是相当轻松的事。智力是一种综合素质，其效果也一定会体现在需要运用智力的一切事情上，包括功课和考试。所以，以素质的优秀为目标，把应试的成功当作副产品，是最合理的定位。啾啾做功课一直比较省力，考试成绩在班上也始终名列前茅，无疑是得益于综合素质。比如语文，她的成绩总是前一二名，这当然和她喜欢读书有直接关系。

我坚持一个原则：不给啾啾报任何课外补习班、辅导班、特长班、提高班。现在她小学六年级了，六年里，她真的是一个这样的班也没有上过。这在她的班上是绝无仅有的，一个孩子在周末上好几个班是普遍现象。有一回，班上推荐若干同学上区里的奥数班，她被选上了，回家来征求我的意见。我举出她班上一个一直在上奥数的同学，问她，和这个同学比，两人谁的数学成绩好。她说是她，我说这不就行了，事情就这样决定了，而她也很高兴。她妈妈曾经表现出一点儿动摇，觉得人家都上，唯独我们不上，好像不放心，我一个责备的眼色，她就不再提了。

我之所以如此坚决，理由有三。其一，孩子的课余时间已经非常有限，决不能再给她增加负担，我要捍卫她的休息、玩耍和课外阅读的时间，这也就是捍卫她的健康、快乐和真正的优秀。其二，我看透了这类班，料定它们没有多大价值，即使在应试上也基本如此，在多数情况下，只是把课内的教学内容提前讲授，反而打乱了知识的内在秩序，不利于理解和吸收。其三，我甚至对这类班深恶痛疾，因为我清楚，它们是当今寄生在应试教育上的整个产业链的重要一环，对于加剧教育不公平和教育腐败起着恶劣的作用。

（摘自《宝贝，宝贝》第三卷）

把赌注下在素质教育这一边

我收到一个今年应届高中毕业生的来信,她叫王卉媛,在信中详细叙述了她抵制应试教育并获成功的经历。大致情况是,在父母顺其自然的教育态度和自己兴趣至上的学习态度支配下,从小学到中学,她似乎一直不用功,也没有上任何课外班。但是,她喜欢看"闲书",包括简本英文小说,高中时迷上了相对论、哲学等,兴之所至,还看动漫,看电视的科学类节目,写作,画画。她的课内成绩长期平平,但奇迹般地后来居上,最后轻松地考入了北大中文系。

我在我的公开邮箱中发现了这封信,读得津津有味。今年一月,我出版《宝贝,宝贝》一书,书中叙述了我在女儿的教育上的做法,也是把快乐和兴趣放在第一位,鼓励她看"闲书"、想问题,不上任何课外班,结果很好,即使在应试上也名列前茅。我的女儿毕竟刚升初中,王卉媛已经度过应试教育中最艰难的中学阶段,她的案例是更有说服力的,证明了在应试体制下,个人——包括作为个体的学生、家长、教师——仍有可能最大限度地坚持素质教育,与应试体制相抗争,并且做到在这个体制中也不成为输家。

我相信,类似的案例一定还有不少,只是这一个碰巧让我知道了。我还相信,一定有更多的学生和家长处在矛盾之中,一方面对应试体制的祸害有切肤之痛,另一方面又怕抗争会使自己遭到淘汰,只好痛苦地被它拖着走。对于他们,王卉媛的案例尤其具有激励的作用,能够在抗争这一边增加一个砝码。因此,在征得她的同意之后,我把她的信和我的回信发表在了我的博客上。

反响非常热烈，许多人表示赞赏和受到鼓舞，也有不少质疑的声音，网友们围绕这个案例展开了讨论。被质疑得最多的一点是：王卉媛考上了北大，你为她叫好，你岂不仍是在用应试的结果衡量教育的成败？是否可以认为，她的方法不是应试的，而最终的评价指标仍是应试的？对于这个质疑，好些网友替我做了回答，他们指出：这个故事的主题与北大无关，作为一次突破应试教育的阶段性成功，北大只是做了一次检测的量具，这个故事真正的主题是有关教育，有关人的成长和人才的培养；即使没有考进北大，只要她保持喜欢、兴趣、研究性学习的能力，这在任何一所大学，都将使她收获到更多，也必将对她今后的人生带来更有价值的东西。这些话都说得非常好。

我真不认为考上北大有什么了不起。我在给王卉媛的回信中说："北大现在也沾染了这个时代的许多毛病，你仍要独立思考。"遵循应试轨道考进名校的人多的是，她的特别之处在于，从不以名校为目标，考上北大因此仿佛只是一个意外收获，是坚持自我素质教育的一个副产品。她在应试上的成功不是证明应试正确，而是证明对付应试可以有别的方式。我一向认为，在学生阶段，衡量教育成败的标准是看是否拥有了两种能力，一是快乐学习的能力，二是自主学习的能力。喜欢学习，能够按照自己的兴趣安排自己的学习，这就是好的智力素质，这样的学生不管是否考进名校，将来都会有出息。

事实上，王卉媛考上北大多少带有偶然性，她自己也为她运气太好感到不安。有网友指出，她的这种方式充满风险，完全有可能在应试上失败，所以家长们哪敢冒这个险。我们的确不能低估应试体制的威力，与这个体制抗争的人未必都像王卉媛那样幸运，一定会有人在考场上折戟。应试体制实际上把所有学生和家长逼入了一个赌局，一边是应试教育，另一边是素质教育，看你把赌注下在哪一边。现在的情况是，绝大多数人把赌注完全押在了应试教育上，竭尽全力成为赢家。在我看来，这样做的风险其实更大，如果赢了，不过是升学占了便宜而已，如果输了，就输得精光。相反，把赌注下在素质教育这一边，适当兼顾应试，即使最后在升学上遭遇一点挫折，素质上的收获却是无人能剥夺的，必将在整个人生中长久发生作用。所以，以素质的优秀为目标，把应试的成功当作副产品，是最合理的定位。

其实，只要真正注重素质的培养，有了好的智力素质，应试也不会太困难。智力是一种综合素质，其效果一定会体现在需要运用智力的一切事情上，包括功课和考试。王卉媛对语文和英语的死板教学方法十分抵触，但因为喜欢读文学作品和英文小说，结果课内成绩也能轻松地保持优秀。她如此谈自己的体会："应试考查的是素质中的冰山一角，拥有整座冰山的孩子当然不会害怕有人来试探他的边沿。"有网友认为此言涉嫌为应试教育辩护，我理解她的真正意思是，即使应试只考查露出水面的东西，你仍应该让自己拥有整座冰山，而不只是一块浮冰。针对某些网友谴责她能上北大是应试上的不公平，对她的自我素质教育却毫无所感，一位网友说得好："这是很悲哀的，简直就像放着金子不拿，却和别人争夺分配石头的公平。"

还有的网友认为，王卉媛只是一个特例，她有天分，爱学习，所以能实施素质教育，绝大多数孩子不肯主动学习，就必须实施严格的应试教育。我们的确看到，现在不喜欢学习的孩子似乎占多数，然而，正如王卉媛所指出的：现在的学生之所以学得那么痛苦，就是因为在应试体制下被残忍地剥夺了"喜欢"的能力。学习不快乐原是应试教育的恶果，怎么能反过来把它当作应试教育的理由呢。这样做的结果只能是恶性循环，越应试就越不爱学，越不爱学就越强化应试，走进了死胡同。人都要追求快乐的，现在许多孩子之所以沉湎于玩电脑游戏、网聊、追星、八卦，就是因为在学习中得不到快乐，只能用低级快乐来替代了。人的天赋当然有差别，但是，孩子都有旺盛的好奇心和求知欲，只要正确引导，每一个孩子都能尽其天赋生长得最好，这正是素质教育的目标。所以，天赋的差异绝非实施应试教育的借口。

王卉媛在给我的信中一再为自己的幸运表示不安，觉得这对于许多挣扎在应试体制中的孩子来说是一种不公平。我回信劝慰她说："不公平是体制造成的。在一场规模巨大、旷日持久的灾难中——今天的教育正是这样的一场灾难——有大量遇难者，只有少数幸存者，这是没有办法的。难道所有人都遇难才公平吗？当然不，为了战胜灾难，为了灾后重建，幸存者越多越好，凭借自己的能力和机会成为幸存者，这本身就是一种贡献。"这是我的真实想法。应试体制的弊端有目共睹，业已引起政府和各界人士的关注，但积重难返，改革之路艰难而漫长。在这个过程中，个人不是无能为力的。把主要力气花在素质教育上，向应试教育争自由，能争到多少是多少，在应试体制面前保护孩子，能保护一个是一个，这不但是可行的，而且是一种责任。在一切战争中，保存和发展有生力量是一个基本原则，在素质教育与应试教育之战中也是如此。可以确信，抗争者的队伍壮大了，两种教育之间的力量对比就会发生变化，应试体制要不变也难了。现在它既然已经失人心，那么，让我们共同努力，让它也失天下吧。

2010 年 8 月

兴趣为王

幼儿都会表现出艺术上的某种兴趣和能力，比如绘画、音乐、舞蹈等，但这并不意味着人人长大了都要成为艺术家，都能成为艺术家。做艺术家必须有天赋，而单凭幼儿期的兴趣是不能断定有天赋的。幼儿期艺术活动的真正价值在于，它是心智发育的一个重要方面，能使幼儿的感受力、想象力、表现力、创造力得到良好生长。这本身就是重大收获，不管孩子将来从事什么职业，这个收获都会在她（他）的工作和生活中体现出来。

所以，对于啾啾在艺术方面表现出来的兴趣，我都给予热情的鼓励，至于将来的发展会如何，则完全不予考虑。我的原则是：兴趣为王，快乐生长。她喜欢就行，高兴就行，一切顺其自然。是否在课外学点什么，学多久，也根据她的兴趣来决定。当然，要知道有没有兴趣，必须给她机会，让她尝试，并且要经过相当时间的观察。在学习一种艺术的过程中，孩子的情绪可能会出现波动，这时不要轻易放弃，不妨看一段时间再下结论。一旦发现她确实没有兴趣，就果断放弃，决不强迫她继续学。在我看来，长期强迫孩子学习一门艺术，是完全违背艺术的本性的。这样做往往是出于强烈的功利目的，最后即使培养出了一个艺术上的能工巧匠，付出的惨痛代价却是不可治愈的心灵创伤和人性扭曲。

我不但不想把啾啾培养成一个音乐家或画家，而且也从来没有把她培养成一个作家的打算，即使在阅读和写作上，我对她基本上也是放任自流的，从不特意提出要求和进行指导。我的一个同事的女儿，两岁时能认一二百个字，六岁时能读大部头文学作品，相比之下，啾啾的进度慢多了。但是，我仍喜欢啾啾的天真，宁愿她按照她自己的节奏向前走。现在早早出书和出名的小作家多的是，我丝毫不想让啾啾仿效。比起我自己上小学甚至上初中时的阅读和写作水平，她已远远超过，我有什么资格和理由催她呢。

对于孩子的未来，我从不做具体的规划，只做抽象的定向，就是要让她成为一个身心健康、心智优秀的人。人们喜欢问孩子："你将来想做什么？"我不问这样的问题。孩子自己有时会说，但是别当真。我直到上大学时还不知道自己将来会做什么呢。给孩子规定或者哪怕只是暗示将来具体的职业路径，是一种僭越和误导。总之，我只关心一件事，就是让孩子有一个幸福的童年，能够快乐、健康、自由地生长。只要做到了这一点，她将来做什么，到时候她自己会做出最好的决定，比我们现在能做的好一百倍。

（摘自《宝贝，宝贝》第三卷）

性格无好坏

　　无论何种性格，皆有一利必有一弊。一个人的性格的所谓优点和缺点是紧密相连的，是一枚钱币的两面，消除了其中一面，另一面也就不存在了。所以，在享受性格之利的同时，承受性格之弊，乃是题中应有之义，只需把这个弊限制在适当的范围内就可以了。

　　性格在很大程度上是天生的。既然是天生的，就谈不上好坏，好坏是后天运用的结果。因此，一个人不应该致力于改变自己的性格，事实上也做不到，所谓改变一定是表面的。所应该和能够做的只是顺应它，因势利导，扬长避短，使它产生好的结果。也就是说，要做自己的性格的主人，不要做自己的性格的奴隶。一个人做了自己的性格的主人，也就是尽可能地做了自己的命运的主人。

　　所谓性格的培养，绝不是要把原本没有的某种品质从外部植入，而是在充分了解孩子的固有性格特征的基础上，用优点来制约弱点。天下谁没有弱点？只要优点在发展，有一些弱点又算什么？只要把弱点限制在适当范围内，从而减少其危害就可以了，而发扬性格本身的长处便是抑制其短处的最佳方法。

　　基于这个考虑，在孩子的性格培养上，我总是顺其自然，以鼓励和引导为主，对优点予以热情的肯定，对弱点则予以宽容，点到为止，常常还一笑置之，如此为她的个性发展提供自由的空间。只要优点在发展，有一些弱点算什么？我自己有这么多弱点，不是活得好好的？想让孩子把性格的弱点都改掉，这是极其愚蠢的想法，实质上是要孩子变成另一个人，既然这是不可能的，那么，实质上是要孩子变成不是人。"做最好的自己"——这是恰当的提法，在性格培养上尤其恰当。

（摘自《宝贝，宝贝》第四卷）

孩子是一个独立的灵魂

我很早就发现，啾啾虽然很乖，很爱爸爸妈妈，但决不盲从。对于我们的言行，她若不以为然，就一定会表明自己的态度。我非常欣赏她的这种表现，总是给予鼓励。要让孩子将来成为一个有主见的人，必须现在就鼓励她不盲从父母。其实，孩子都是乐于说出自己的真实感觉和想法的，而只要真实，就总有一定的道理。可是，如果大人不予尊重，孩子就会逐渐失去思考和表达的兴趣，也失去自信心，从而成为一个没有主见的人。

看到一个小人儿对事物发表与你不同的见解，和你顶嘴和争论，真使人感到神奇。这个时候，我会想起纪伯伦的话："他们是借你们而来，却不是从你们而来，他们虽和你们一同生活，却不属于你们。你们可以给他们以爱，却不可给他们以思想，因为他们有自己的思想。你们可以庇护他们的身体，却不可庇护他们的灵魂，因为他们的灵魂居于明日之屋宇，那是你们在梦中也不能想见的。"是啊，站在我面前的这个发表独立见解的小人儿是我的女儿，但更是一个灵魂，一个和我完全不同的灵魂。如果说她看事物有自己的眼光，那是因为她的灵魂正在觉醒，是她的灵魂通过她的眼睛在看。

和孩子相处，最重要的原则是尊重孩子。从根本上说，这就是要把孩子看作一个灵魂，一个有自己独立人格的个体。而且，在孩子很幼小时就应该这样，我们无法划出一个界限，说一个人的人格是从几岁开始形成的，实际上这个过程伴随着心智的觉醒早就开始了。爱孩子是一种本能，尊重孩子则是一种教养，而如果没有教养，爱就会失去风格，仅仅停留在动物性的水准上。

在我们家里，啾啾是可以自由地和大人顶嘴的，事实上她也经常反驳我们，反驳得好，一定会得到夸奖。她头脑清楚，占理的时候居多。有时候，我会故意说错话，给她制造反驳的机会。鼓励孩子发表不同看法，既能培养独立人格，又能锻炼思维能力，是一举两得的事。

（摘自《宝贝，宝贝》第四卷）

做父母的最高境界

我始终认为，做孩子的朋友，孩子也肯把自己当作朋友，乃是做父母的最高境界。

在婴儿期，父母和孩子的关系如同成年兽和幼兽，生物性因素占据着优势。随着孩子逐渐长大，社会性因素必然逐渐扩大，并且终将占据优势。于是，亲子之间的自然人的关系变成了社会人的关系，孩子越来越成为社会的一员，不管亲子双方是否愿意，都必须脱离父母的庇护，独立地走自己的人生之路了。但是，这只是一个方面。另一方面，随着孩子逐渐长大，亲子关系中的精神性因素也应该逐渐扩大，占据主导地位。然而，社会性因素的主宰是由客观的社会力量强迫实现的，与此相反，倘若没有父母的自觉，亲子关系就永远不可能具备精神性品格，会始终停留在动物性溺爱的水平上。判断是否具备精神性品格，一个恰当的标志是看父母和孩子之间是否逐渐形成了一种朋友式的关系。

朋友式的关系有两个显著特征，一是独立，二是平等。

独立，就是把孩子视为一个灵魂，一个正在成形的独立的人格，不但爱他疼他，而且给予信任和尊重。当然，父母自己也是独立的灵魂，而正是通过来自父母的尊重，孩子会鲜明地意识到这一点，从而学会也尊重父母。我要强调灵魂的概念，有些父母是没有这个概念的，从不把自己视为一个灵魂，因而也不可能把孩子视为一个灵魂。这样的父母往往把孩子视为一个宠物，甚至视为一个实施自己的庸俗抱负的工具，其结果恰恰是扼杀了孩子的独立人格，使孩子成为灵魂萎缩的不完整的人。

　　既然都是独立的灵魂，彼此的关系就应该是平等的。平等尤其体现在两个方面。一方面，亲子之间要有商量的氛围。凡属孩子自己的事情，既不越俎代庖，也不横加干涉，而是怀着爱心加以关注，以平等的态度进行商量。当孩子具备一定的理解力之时，家庭的事务，父母自己的事情，也不妨根据情况适当地征求孩子的意见，使其有参与感和被信任感。另一方面，亲子之间要有交流的氛围，经常聊天和谈心，就共同感兴趣的问题展开讨论，在自愿的前提下，分担孩子的忧愁，共享双方的喜乐，沟通彼此的心灵。

　　我清醒地意识到，做孩子的朋友不易，让孩子也肯把自己当朋友更难。多少孩子有了心事，首先要瞒的人是父母，有了知心话，最不想说的人也是父母。啾啾现在还小，随着她长大，进入青春期，上中学、大学，她是否一直肯把我当作好朋友，我没有把握，但我一定努力。至少在我这一方面，我会坚持把她当朋友那样对待，始终尊重她的独立人格，比如说，我决不会偷看她的日记，决不会干涉她和男孩子的交往，等等。我相信，即使最后我不能入她的法眼，她也一定会满意地说："我有一个最开明的老爸。"

（摘自《宝贝，宝贝》第五卷）

亲子之爱是爱的课堂

爱能滋生爱。一个在爱的呵护下成长的孩子，她（他）的心是温暖的，充满阳光的，也会开放爱的花朵。亲子之爱是孩子所受的最早的爱的教育，孩子一定会以爱回应爱，并且由爱父母而学会了爱一切善待她的人。

我不喜欢儒家的"孝"的观念，它虽是从"仁"引申出来，本应包含爱的涵义，但是，由于只强调子女对父母的单向服从，那一点儿脆弱的爱的内核就被沉重的宗法枷锁窒息了。我信任由父母的爱引发的孩子对父母的爱，这种爱会是孩子今后一切人间之爱的生长点。可以断定的是，一个人如果在童年时代缺乏被爱和爱，日后在其它各种爱的形态上就很容易产生障碍。

亲子之爱是爱的课堂，不但对孩子是如此，对父母也是如此。

人们常说，孩子是婚姻的纽带。这句话是对的，但不应做消极的理解，似乎为了孩子只好维持婚姻。孩子对于婚姻的意义是非常积极的，是在实质上加固了婚姻的爱情基础。

黑格尔说："通过对孩子的爱，母亲爱她的丈夫，父亲爱他的妻子，双方都在孩子身上使各自的爱得以客观化。"泰戈尔也说："我的孩子，让他们爱你，因此他们能够相爱。"这些话都说得非常到位。孩子不只是夫妻的肉体之爱的产物，更是彼此的心灵之爱的载体，通过爱孩子，这种爱才不是飘在空中，而是落到了地上，获得了稳固的基础。

有些年轻人选择做丁克族的一个理由是，孩子是第三者，会破坏二人世界的亲密。表面看似乎如此，各人都为孩子付出了爱，给对方的爱好像就必然减少了。但是，爱所遵循的法则不是加减法，而是乘法。各人给孩子的爱不是从给对方的爱中瓜分出来的，而是孩子激发出来的。爱的新源泉打开了，爱的总量增加了，爱的品质提高了，这一点必定会在夫妇之爱中体现出来。把对方给孩子的爱视为自己的亏损，这是我最无法理解的一种奇怪心理。事实上，双方都特别爱孩子，夫妻感情一定是加深了而不是减弱了。对孩子的爱是一个检验，一个人连孩子也不爱，正暴露了在爱的能力上的缺陷，不能想象这样的人会真正去爱一个人，哪怕这个人是他此刻迷恋得要死要活的超级尤物。

（摘自《宝贝，宝贝》第五卷）

第五辑

我心目中的好教师

我心目中的好教师

针对教师素养这个话题，我来说一说我心目中好教师应有的品质，特别是针对教育界的现状，我认为一个好教师应该坚持什么。

1. 智情双修，德才兼备，做一个优秀知识分子

一个人活在世上，不论从事什么职业，第一重要的是做人。对于教师来说，做人更是第一位的，因为教育是精神事业，一个教师精神素质好不好，会直接在教学的态度、内容、方式以及与学生的关系中体现出来。和传授知识相比，教师作为一个人在精神上对学生的影响是更重要的。我们回忆自己的学生时代，最难忘的必是那种具备人格魅力的老师，他们在我们人生早期所给予的启迪和熏陶，其作用之巨大，往往使我们终生受益。

精神素质包括智力、情感、道德，三者缺一不可，教师应该是智情双修、德才兼备的人。因为教师的日常工作是智育，我要强调一下教师的智力素质。教师当然应该是知识分子，而所谓知识分子，就是一辈子热爱智力生活、对知识充满兴趣的人。用这个标准衡量，在我们今日的教师队伍里，知识分子太少了。许多人走出校门，结束了学生生涯之后，就停止学习了，殊不知你现在走进另一个校门，开始了教师生涯，就更应该过一种高水平的智力生活了。如果你自己没有求知的激情，怎么可能在学生心中点燃同样的激情呢？所以，我认为，一个好教师理应把自己定位为知识分子，永远保持学习、思考、钻研的习惯。

2. 爱学生，真正把学生当作目的

谈到教师的道德素质，我认为爱学生是最重要的师德。如同罗素所说，一个理想教师的必备品质是具有博大的父母本能，如同父母感觉到自己的孩子是目的一样，感觉到学生是目的。学生的年龄越小，这一点就越重要，因为孩子尚缺乏理性判断和情感自主能力，教师的态度会直接影响到他们对生活和学习的信心。

爱学生当然不是表面的随和，仅仅能和学生打成一片。把学生当作目的，这是对爱学生的实质的准确表述。爱学生的教师，一定会把心思放在学生身上，对学生的成长真正负起责任来。正因为如此，他会为每个学生的进步感到由衷的高兴，同时也感到自豪，视为自己的人生成就。一个教师是否真爱学生，学生心里最清楚，他一定会受到学生广泛的敬重和喜爱，而我们也就有基本的理由承认他是一个好教师。

3. 懂教育，拥有正确的教育理念

教师以教育为职业，按理说都应该是懂教育的，其实不然。一个教师在从事教学工作时，自觉不自觉地都体现了某种教育理念，但有正确与错误之别。尤其在现行教育体制下，如果缺乏独立思考，更可能是错误的。

就单个的教师而言，教育理念不是孤立的东西，也不是抽象的理论，而必定是和他的人生观、价值观有密切联系的，是他的整体精神素质在教学上的体现。说到底，做人和教人在根本上是一致的。一个在人性意义上优秀的教师，他在自己身上就领悟了人性的宝贵，绝不会用压抑和扭曲人性的方式去教学生。相反，那些用这种方式教学生的教师，自己的人性在相当程度上往往是不健全的。在具体的教学中，这种内在的差异几乎是无意识地表现出来的，但是泾渭分明，一目了然。

不过，要自觉地、坚定地拥有正确的教育理念，不能只凭直觉。我认为，一个教师无论教的是什么课程，教育理论都是他的必修课，而且应该在教学生涯中不断重温和深化。在这方面，我建议读一些教育哲学的著作，而不要限于教育学、心理学、教学方法之类，因为教育哲学所探讨的正是教育理念，即教育的根本道理。历史上有许多哲学家写了教育论著，例如洛克、卢梭、康德、杜威、怀特海，他们的教育主张未必一致，但皆深谙人性，各有真知灼见，认真地读一读，一定会有豁然开朗之感。

4. 讲究教学艺术，让学生感受到知识的魅力

在教学方法上，我认为最重要的是要让学生感受到知识的魅力，使之对你所教的这门课发生兴趣。兴趣是学习的前提，没有兴趣，就只好靠灌输，其效果如何，当教师的都很清楚。一个学生对某一门课能否发生兴趣，取决于两个因素，一是这个学生的天赋类型，二是任课教师的教学水平。一个好的教师不可能使每个学生都对自己所教的这门课发生强烈兴趣，但可以做到使天赋类型适合的学生发生强烈兴趣，而使多数学生发生一般兴趣。

要取得这样的效果，当然不能单凭方法。实际上，这是对教师的综合智力素质的检验。首先，教师对于自己所任的课程，在基本原理方面要做到融会贯通，能够举一反三。现在教育部门在提倡中小学教师的专业发展，我的看法是，这不应该是要求教师的知识达到相关学科中的专业水平——这是不必要的，也是不可能的——而只应该是在教学大纲范围内的通晓和熟练，因为中小学教育是基础教育，不是专业教育。其次，基础教育是一种通识教育，中小学教师不论教的是什么课程，都应该是通识之才，有广泛的知识兴趣和人文修养，如此才能把所任课程的教学做得生动活泼，使学生也产生兴趣并易于领会和接受。

5. 处理好素质教育和应试教育的关系

现在我要说到今天中小学教师面临的最大难题了。应试体制的硬指标具有迫使教师和学生就范的巨大威力，短期内也无改变的希望，这是一个不可回避的事实。完全不顾应试，显然行不通，学校和家长都不答应。一味顺应乃至迎合，放弃素质教育，则为负责任的教师所不取。不过，我们没有必要陷入这样的两极思维之中。任何体制都不可能把个人的相对自由完全扼杀

掉，一个好的教师要善于拓展和运用这个自由，戴着镣铐把舞跳得最好。

我认为，在当今体制下，一个好教师的责任和本事就在于，一方面帮助学生用最少的时间、最有效的方法对付应试，另一方面最大限度地拓展素质教育的空间。这是可以做到的，当然，前提是教师有水平并且肯用心。即使在正常的学习中，教师也应该善于确定知识中必须牢固掌握的要点，避免让学生在次要的细节上耗费大量精力，水平之高低于此立见。可以断定，如果学生牢固掌握了知识的要点，在应试中也不会差到哪里去。现在许多教师仅靠逼迫学生做大量作业来对付应试，其实是最笨也最偷懒的办法，说到底还是水平低并且不负责任。

6. 淡泊名利，甘于受冷落

如果一个教师做到了上述几条，无疑就是一个好教师。但是，他很可能会面临一个危险，就是不被现行体制认可，在多数情况下，他的处境往往比那些积极贯彻现行体制的人差。那么，我就要说一说我对一个好教师的最后一条要求了，就是淡泊名利，甘于受冷落。你是凭良心做事，当然就应该不计个人得失。一切凭良心做事的人都有一个信念：良心的评判高于体制的评判。你一定也有这样一个信念的，对吧？

2011 年 3 月

传承高贵

——邰亚臣《教育，让人生更美好》序

今天的时代，高贵已成陌生之物。教育原本赋有传承高贵的使命，然而，在应试体制的压力下，教师、学生、家长皆疲于应对，以至于在今天的学校里，传承高贵似乎成了一种不合时宜的奢侈。现在，这里有一位中学校长，他仍执著于这种不合时宜的奢侈，用他的话来说，就是要向年轻的生命中注入贵族气质。面对他的努力，我不由得肃然起敬。

本书中的文字，大多是邰亚臣校长在学校里的公开讲话，听众的主体是学生。一个校长向学生训话，再平常不过了。可是，且慢，你读一下就知道了，这个校长有点不一样。在他的讲话中，你找不到一句官话、套话。他没有把校长讲话当作例行仪式，更没有把学生当作训诫对象，我相信每一次他都做了认真的准备，要和学生进行言之有物的心灵交流，奉献出自己从观察、阅读、思考中得到的主要收获。他的讲话激情飞扬，甚至可以说文采斐然，而说出的则是经过深思熟虑的真知灼见。

在邰校长身上，我看到了做人与教人、人生理念与办学方针的高度一致。他自己感悟到并且享受到了人生的那些最珍贵的价值，多么希望通过言传身教和制度设计让学生也能感悟到、享受到。当然，这不容易，因为在今天社会和教育的大环境中，正是这些价值遭到了普遍的忽视和损害。我单说其中的两项：个性和优雅。

每个人都是一个独特的个体，个性是人生的珍贵价值，人的多样性是人类创造力的重要源泉。因此，教育应该尊重学生的差异性，为不同个性的发展提供广阔的空间。然而，在当今教育舞台上，通行的是以应试、升学、就业为目标的过度的规划，正如邰校长所指出的，老师、学生、家长的目标被惊人地统一，从上小学开始，孩子们的生活和心灵就被分数以及奥数、英语等各种特长班格式化了。针对这种情况，他向老师和家长呼吁：减少规划，开始等待，让孩子的生命里多一些悬念。他强调：单纯的喜爱是最有尊严的活动，最重要的事情是让孩子恢复对事物本真的兴趣。帮助每一个孩子感知自己内心的真实，发现精彩的自我，展现丰富的个性，是他的明确的办学方针。

除了个性，邰校长还经常谈到优雅。他把培养优雅的文化气质确立为重要的办学目标。优雅或许有二义。一是生活情趣，有真切的生命体验。一句精辟的话："在我眼里，所有对生命还有感动的人们，是这个时代的英雄。"二是精神气质，有高贵的灵魂生活。如他所言：学校应该是培养精神气质的圣地。如果说功利性的过度规划摧残了个性，那么，同样源于功利性的过度的竞争意识则是优雅的大敌，使得学校成为了战场。他告诫学生、老师、家长远离竞争，有一段振聋发聩的话值得全文照抄："我们可能确信不疑，奥数、英语、有名的中学、顶尖的大学、收入很高的工作都是往生命银行里存入的巨款。但如果没有闲适与从容、逍遥与自在，多年以后，我们认为的巨款可能就会变成呆账、坏账。相反，听从内心的呼唤，不断体验生命中的新鲜，可能会成为人生最重要的投资。"

邰校长自己是一个热爱精神事物的人，尤其爱诗歌，在讲话中经常引用中外诗人的诗句。他把诗定义为"夹杂着明亮的忧伤"，单凭这一句，我就知道他不但爱诗而且懂诗。在这个毫无诗意的时代，他偏强调诗歌的教育意义，倡导学生举办诗歌朗诵会，鼓励学生在诗歌里发现生命的源泉，修整内心的空间，以一种不同的方式重新找到自己。一个对诗歌没有精深体验的人，当然是说不出这些话的。

邰校长还在学校里建立了一个博物馆，定期更换和展出不同的艺术品，向全校学生开放，并且由学生志愿者担任讲解员。有一回我去参观，展出的竟是徐悲鸿、林风眠、刘海粟、吴冠中、关良、弘一法师、陈逸飞等大师级的作品，令我大为惊讶。当然，展品是借来的，他在收藏界广有人脉，资源充足。为了让学生受艺术的熏陶，成为他所期望的饱满、有品质的人，他真是用了心。

也许有人会问：身在应试体制之内，做校长的总要对学生应试和升学的成绩负责吧？邰校长的回答是，第一，事实证明，丰富的学校生活对此绝没有消极影响，在北京市的中学里，十五中的高考成绩一直是好的。但是，第二，十五中的育人目标决不定位在清华、北大上，也不和某些顶级名校攀比。因为在他看来，这样做只是以学校为本，而唯有立足于人的全面教育，帮助学生在历史、现实、未来的坐标体系中找到自己的位置，才是真正的以人为本。他的坚定不移的立场是："如果在有名气和明亮之间选择的话，我们会毫不犹豫选择后者，竭尽全力打造一所照亮学生内心的学校。"

　　众所周知，在现行体制里，做校长基本上是做官。为邰校长计，他似乎还可以有另一种选择：作为个人不妨讲究精神品位，作为校长则遵守官场规则。今日官场上这样做的人不在少数，不过，人们当然有理由对其所谓的精神品位打一个问号。邰校长太爱学生，不可能这样做。他由衷地感到，教育工作是人生中一场纯真的旅行，途中最美丽的风景就是与孩子们的可爱灵魂的相遇——爱学生也被学生爱。正因为爱学生，他对孩子们在应试体制下遭受的痛苦感同身受，深知责任重大。他向全校老师指出：在今天这个社会里，最大的弱势群体其实是被考试和作业夺去了无数黑夜与白天的孩子们。他提醒老师们，虽然无法破解体制造成的困局，但要多一些警惕，培养一种勇气，不盲从，不追风，同时更加智慧地工作，少占用学生的时间，为孩子们其实也是为自己找回属于人的基本权利。他向学生们倾吐肺腑之言：你们是压力和年龄不匹配的一代人，从小升初开始就辗转于各种班的痛苦，父母的无助，学校的无力，一路走来，紧张、焦虑、茫然、无所适从，刚到十八岁已是一身沧桑了！他开导他们：考不上理想大学算什么，不要把人看得太简单和渺小，只要你保有自我选择的勇气，就有一线生机让自己不成为众多的别人。他大声疾呼：孩子们，我们要一起合作！

　　我们看到，面对学生，邰校长掏心窝，讲真话，批评起现行教育的弊端来简直不像一个校长。可是，其实他所做的正是一个好校长在今天所能做的最好的事，那就是让学生对弊端怀有警觉，保持内在的自由，同时在教育实践中最大限度地减轻弊端的危害，为学生拓宽外在的自由。

2012 年 2 月

沙漠上的一块小小的绿洲
——在北京第十五中学初中毕业典礼上的发言

今天，我们的孩子正式从十五中初中毕业了。此时此刻，作为家长，我们有一个共同的心情，就是对十五中校长和老师三年来的精心培育和辛勤劳动充满了感激。我相信，在这一点上，我可以代表家长们来表达我们共同的感激之情。谢谢邰校长！谢谢十五中的老师们！

我接下来要说的话，不一定能代表全体家长，只是我个人的感想。我想说一说我本人最感激十五中的是什么。当今应试教育一统天下，孩子们被考试和升学的负担压得喘不过气来，但是十五中的情形有点不一样。在邰校长领导下，十五中立足于保护孩子们的身心健康和个性发展，在严酷的大环境里为孩子们开创了一个相对宽松温暖的小环境。我深知这样做有多么不容易，需要承受多么大的压力，我对邰校长的智慧和勇气深表敬佩。

现在回想起来，三年前我把女儿送进十五中，而不是别的什么更有名的学校，是多么正确也多么幸运。她马上要读高中了，我们父女俩的想法是一致的，就是仍然选择能为学生的自由发展留出足够空间的学校，坚决不上那种唯应试成绩是求的所谓高考能校。我一向认为，一个孩子只要素质好，有自己的真兴趣，能够快乐学习和自主学习，将来一定会有出息。相反，拼命应试，没有自己的真兴趣，没有自主学习的能力，即使考上了清华北大，也不会有多大出息。我是北大毕业的，我知道北大毕业后没出息的人多的是。

所以，最后，我要表达我的一个真诚的愿望，我衷心希望十五中把已经走对了的路坚持走下去，维护好应试教育沙漠上的这一块小小的绿洲，从而继续造福现在仍然在校的孩子们，造福今后将要入校的孩子们。谢谢。

（附记：毕业典礼于 2013 年 6 月 20 日举行，此时邵校长已被通知调离十五中，他选择了辞职，我在发言最后表达的愿望其实隐含了深深的不安。）

一个人的教育乡愁

——林茶居《大地总有孩子跑过》序

喜欢这个书名，觉得它意味浓郁。读完书稿，还觉得它贴切。我体会，教育之成为作者的乡愁，有两层含义。其一，他的早年记忆中铭刻着多位教师的形象，他自己也从十六岁起当上了一名教师，教育是他钟爱的事业。其二，在今天的时代，他心目中那种真正的教育失落已久，教育是他渴望寻回的理想故土。

正是怀着这两种乡愁，在离开教师岗位之后，林茶居创办和主编了《教师月刊》。他为这份杂志向我约稿，是我们结识的机缘。

作者又是一位纯正的诗人。这使我对他的这本谈教育的书满怀期待。书中引谢林之言："诗是人的女教师。"诺瓦利斯之言："诗是保证直觉健康的艺术。"我相信，一个受了诗这位女教师的熏陶、保持了健康直觉的人，对于教育一定会有独特的、直入本质的理解。事实的确如此。

在本书中，作者谈教育，也谈诗歌、艺术、生活，随处有令人眼睛一亮的闪光的文字，我在这里仅对其中若干诗性的教育感悟表达我的赞赏和呼应。

诗与教育原本是相通的。人是一个有灵性的生命，诗是这样一个生命的歌唱，而教育则是这样一个生命的健康生长。生命是教育尤其早期教育的第一关键词。孩子首先是一个生命。"在苏霍姆林斯基的教育话语里，没有'学生'，只有'孩子'或'儿童'。"天真率性是孩子天然的生命状态，可是中国人总是强调孩子要"懂事"。"也许有的'妈妈'被孩子的'懂事'感动了。只是这种感动非常廉价。这种感动不是一个'妈妈'的感动，而是一个成人的无知与自得。"时下流行所谓"感恩教育"，把感恩窄化、矮化、俗化为"孝"、"敬"、"顺"，甚至教孩子给父母洗脚、过生日谢父母的生育之恩，荒唐到了极点。孩子天然的感恩"实际上都在那一声叫不腻、喊不累的'妈妈'、'爸爸'里"，而人的感恩之心应该"面对的是'天地'，是'人间'，是'命运'，是'花开花落'，是生命的'偶然'，是他自己的'珍惜'"。好的家庭教育绝无刻板的规矩和明确的目标，乃是"'一家人'的欢乐、吵闹和争执"。鉴于今日教育包括家庭教育的病态、阴郁、粗鲁、功利，作者的一句点睛之语是："那些活得健康、阳光、优雅、无私的孩子，他们的父母是这个时代的'劳动模范'。"

诗歌创作过程有两个特点，它既是对个人经验的唤醒，又是对灵感突现的敞开。教育过程与此十分相似。一方面，教育也是"对个人经验的发现、呼唤、亲近、激发、彰显"。所谓个人经验，不只是指外部经历，更是指内在体验。其中，"能不能保持精神的青春期是精神成长的关键性问题。那些天真，那些萌动，那些多情，那些梦想，那些对美好事物的无限迷恋……精神成长不仅指向未来，还意味着对过去的保持，对过去的不断唤醒、激荡、敞开、照亮。"另一方面，教育又是对未来种种未知的可能性的敞开。"孩子的成长不是反应性的，而是创造性的，是对自我、对世界、对生命奇迹的创造。""每一个孩子的成长都充满奇迹和意外。你现在根本就无法知晓他将来会成为什么样的人、从事什么样的职业。"今日的教育恰恰在这两个方面都背道而驰，功利性的目标统率一切，把个人的内在经验和创造潜能都扼杀了。

教育要能够唤醒个人经验，开放创造机遇，就必须慢。在古希腊文中，"学校"和"闲暇"是同一个词。世上一切好东西，包括好的器物，好的诗，好的教育，都是在从容的心境下产生的。作者引叶圣陶的名言"教育是农业而不是工业"，评论道：这"才是体贴人性、让教育之善充分敞开的美好叙事——它准确地握住了教育'慢'的、'个性'的、'顺应自然'的本质"。今日教育的快，实质是急功近利，让学生做的大量事情与教育无关，甚至是教育的反面。可是，孩子和家长却因此没有了喘息的时间。"孩子们的成长被加诸了太多的人生难题。教育在这个问题上正做着雪上加霜的事情，还美其名曰：为每一个孩子的一生负责。""这个时代的中国父母也许是有史以来过得最累的父母。告诉他们可以不做什么比告诉他们应该做什么可能更为急迫。"做减法，减去非教育性质的负担，不但给真正的教育腾出了空间，而且孩子和家长都会轻松得多，这是多么中肯的提醒。

作为一个执教多年的语文教师，作者对语文教学也有精当的识见。"好的语文教师的一个重要标志就是：有足够的激情与办法让好的文字和孩子相互照亮，相互敞开，相互召唤。它促成这样一种令人向往的教育情境：孩子在好的文字中认出'我'，发现'我'，感受'我'，教育'我'。"读到这个话，我不由得击节赞叹。倘若不是一个深谙文字的精神品格的诗人，怎么说得出这个话。当今语文教学弊病甚多，举其要者，一是技术主义，课文分析则武断所谓主题思想、段落大意，作文则强求所谓遣词造句、谋篇构局。作者责问道："谁给了你'遣'词'造'句'谋'篇'构'局的权利？你所应该做的是丰富自己的内心，听从语言的召唤。"二是道德主义，所谓"先做人，后作文"，而把"做人"局限为做"道德的人"。作者指出，这个命题若要成立，"做人"应该是做"思想的人"、"情感的人"、"心灵的人"、"精神的人"、"审美的人"等等，而不只是"道德的人"。事实上，在道德主义的逼迫下，假大空已成学生作文的通病。写假话甚至是一种硬性要求，比如说，让与父母长期分离、艰难度日的"留守儿童"在作文里写"我幸福的一家"，用学到的形容词歌颂祖国和展望未来。在这样的语文教学中，既没有好的文字——即使本来是好的文字，遭到技术主义阉割和道德主义曲解后，也成了坏的文字；又没有真实的"我"，真实的生命和心灵，遑论相互照亮。

最后，我想说，在教育沦陷的今天，作者的教育乡愁在不同程度上也是每个常识尚存的人的乡愁。因此，让教育回归常识，是我们的共同心愿和责任。

2011 年 12 月

应试体制下好教师的责任
——答《教师博览》

问：每个教师都渴望成为好老师。您心目中的好老师是怎样的？您记忆中教过您的好老师能否列举一二？

答：我心目中的好老师，最主要的是两点。一是他本身热爱智力生活，热爱知识，有学习、思考、钻研的习惯，亦即具备良好的智力品质。二是爱学生，拥有广博的"父母本能"，真正把学生当作目的，能把学生的进步当作自己的重大人生成就并为之欣喜。这样的老师，因为第一点，学生敬佩他，因为第二点，学生喜欢他。老师好不好，学生最清楚，一个受学生敬佩和喜欢的老师就是一个好老师。

我读中学时，老师大多比较敬业，有才有德的不少，此刻在我的记忆中闪亮的形象不止一二人。那时学校环境比较宽松，不像现在用应试标准一刀切，有思想、有个性的老师往往遭到逆淘汰。

问：您曾经说过，现行教育体制不尽如人意，但即使在这样的体制之下，一个教师同样可以有所作为。能否请您具体谈谈，该怎样作为？

答：应试体制的硬指标具有迫使教师和学生就范的巨大威力，但是，任何体制都不可能把个人的相对自由完全扼杀掉。同样的体制下，是积极贯彻并以此为己牟利，还是认清并力争减轻其弊端，不同的态度会导致不同的结果。我认为，一个好教师的责任和本事在于，一方面帮助学生用最少的时间、最有效的方法对付应试，另一方面最大限度地拓展素质教育的空间。当然，这是一个很高的要求，这样做的教师在现行体制中很可能会吃力不讨好。没有办法，许多时候我们只能凭良心做事，不计个人得失。要有一个信念：良心的评判高于体制的评判。

问：在中国人目前的精神生活中，教育本应该发挥出扭转世道人心的力量，社会各界均寄予厚望。您如何看待教育，特别是中小学教育，在一个人生命成长方面的功用。

答：在一个人的精神生长中，中小学无疑是关键阶段。早期的生长总是更重要、影响更深远的。此时心灵如遭扭曲，以后矫正起来就很困难。这些都是常识，可惜现在人们为了逐利已经顾不上常识了。

问：现在中小学教育界大力提倡专业发展。如果一个老师在专业发展上做不到优秀，那么他是否还可以成为一个优秀老师？教师专业发展和师德师风的培养会有矛盾吗？如果有，该如何协调？

答：中小学教育是基础教育，不是专业教育。因此，提倡教师的专业发展，不应该是要求教师对于所任课程的知识达到专家水平，而只应该是在基本原理方面的通晓和熟练。基础教育是一种通识教育，中小学教师应该是通识之才，有广泛的知识兴趣，如此才能够把所任课程的教学做得生动活泼，使学生也产生兴趣并易于领会和接受。我认为脱离通识能力强调专业发展是片面的，不符合中小学教育规律。

问：作为家长，如果您的孩子在个人兴趣特长与学校应试升学体制间产生严重冲突，您会怎么做，才能兼顾到孩子个人的生命感受和升学发展？

答：尽量兼顾，真正发生了严重冲突，我宁可让升学前途向孩子的兴趣和快乐让步。

问：有一位中学生委托我向您提问："80后作家韩寒以思想独特、语言犀利著称，但我最喜欢他是因为他说青少年最好不要学他，也不要被他影响，要有自己的思想，而日本作家村上春树却说小说家的任务就是给读者传递精神力。请问周老师，您以一位作家的身份来说说，一位作家应不应该用自身的价值观来影响读者？"

答：两位作家的说法其实不矛盾。我理解韩寒的意思是，不要把他当作偶像，学他的外在路程和个别言论。一个好的作家并不把影响读者当作自己的目标，他通过作品探究人生，思考社会，贯穿于其中的精神力、价值观自会对读者产生影响。

问：另有一位学生问您："读了您的《读〈圣经〉杞记》感触很深。《圣经》和哲学教材同样深刻，却更有趣，经过您的解读也变得更易懂了。但是，关于'有人打了你的左脸，你应该把右脸也送上去'的说法，我仍然很不认同。有一句名言是'如果你不弯腰，别人也不能爬上你的背'。虽然以暴易暴不被提倡，但对抗暴力至少也应该像甘地那样采取非暴力抵抗的方式啊。请问周老师，您是如何评判非暴力抗恶的？"

答：我对耶稣这句话的解读只是一个角度，取其不在得失的层面上计较的含义，其实也是非暴力抗恶的一种方式。"把右脸也送上去"的姿态可以是谄媚的，可以是屈辱的，也可以是高贵的，后者是对"有人打了你的左脸"的彻底解构。

问：我们很喜欢看您的书，感觉您很懂生活。在《宝贝，宝贝》中，您的女儿很可爱，您也很爱您的女儿。您不厌其烦地记着女儿的成长故事，同时在其中探讨人生，真的很令人感动。我们有点困惑的是，在这个糟粕与精华共存、前卫与传统交锋的时代，一个人在心灵的朝圣路上，如何一直保持自己的纯真美好？如何知道自己所坚持的是对的？这是一个理想主义远去的时代吗？如何让自己的个体生命——善良、丰富、高贵？

答：一个人拥有自己的明确的、坚定的价值观，这是一个基本要求。当然，这需要阅历和思考，并且始终是一个动态的过程。价值观完全不是抽象的东西，当你从自己所追求和珍惜的价值中获得巨大的幸福感之时，你就知道你是对的，因而不会觉得坚持是难事。理想主义永远不会远去，它在每一个珍视精神价值的人的心中，这是它在任何时代存在的唯一方式。

问：众所周知，您是著名的哲学家。在教育教学生活中，哲学可以发挥什么样的作用？中小学教师应该阅读哪些哲学书籍？

答：哲学是人生的总体性思考，关于它与教育的关系，我曾如此写道："人生问题和教育问题是相通的，做人和教人在根本上是一致的，人生中最值得追求的东西，也就是教育上最应该让学生得到的东西。我的这个信念，构成了我思考教育问题的基本立足点。"历史上最伟大的教育思想家都是哲学家，例如洛克、卢梭、康德、杜威、怀特海。首先读一读这些哲学家的教育论著吧。

问：我们还知道，您是一位具有强烈自由精神的公共知识分子。您认为，一个优秀教师和一个公共知识分子的关系可以转换吗？怎样转换？

答：不要在乎身份。一个优秀教师，当他按照正确的理念从事教育实践，用行动与错误的教育体制相抗争之时，他已经是一个对重大社会问题表明其鲜明态度的公共知识分子了，根本无须转换。

2011 年 2 月 17 日

理想照耀下的务实
——赤峰建筑工程学校印象

内蒙古喀喇沁旗草原上有一所中等职业学校，因为校长爱读书并且对我的书偏爱，这所我以前不知的学校便和我有了一种特别的联系。

今年8月，应巴易尘校长邀请，我们全家到草原，我第一次走进了赤峰建筑工程学校。正值暑期，学生已放假，宽阔的校区格外宁静，迎接我的是教师们一张张热情的笑脸。整齐的教学楼外，路旁竖立着四幅肖像，分别是建筑家贝聿铭、艺术家韩美林、文化学者冯其庸和我，被学校认定为导师。楼内走廊的墙上，则悬挂着十来位世界著名建筑师的肖像，配以每位大师的语录和代表作照片。看到我的肖像令我羞愧，但我知道这不重要，重要的是整个环境布置所体现出的价值取向，所烘托出的文化氛围，使你难以相信这仅仅是一所培养建筑技术工人的职业学校。

然而，它确实是的，走进教室，我看到了教学用的各种砖结构模型。除了多个建筑专业，学校还有一个幼师专业。巴校长到来之前，这是一所快倒闭的民办学校，接手才两年，不但转成公办，而且越办越兴旺，校区面积170亩，在校生从两百多增加到两千多。他还告诉我一个好消息，政府新批200多亩地，用于开办钢结构专业和驾校。我面前的这个理想主义者，其实也是一个能力超强的实干家。

最近十多年来，普通大学拼命扩招，职业学校明显萎缩，其恶果业已彰显。一方面，大学生毕业即失业成了突出问题，另一方面，社会迫切需要的技术人才却十分紧缺。在这种形势下，巴校长花大力气办一所好的职业学校，针对社会之需设置专业，正显示了他的务实眼光。事实上，和普通大学生比，赤峰建工培养的学生的确更有用，也更幸福，完全不存在失业问题，就业率达到百分之百。

一般来说，职业学校招收的是考不上大学的学生，他们会有自卑心理。不过，仔细分析起来，这个自卑心理并无道理，是社会上主导的功利价值观造成的，应该也能够通过人文教育帮助他们树立做人的自信。巴校长正是这样做的，一手抓专业建设，一手抓人文教育，在师生中大力开展读书活动。事实上，普通学校的学生面临高考和就业的激烈竞争，课内"有用的书"尚且对付不过来，哪里有心思和工夫去读"无用的书"，而职校学生并无这个问题，心态比较放松，正是读"无用的书"的有利条件。人生在世，既有足以谋生的技术，又有照亮心灵的理想，做人就一定自信。我说赤峰建工的学生比普通大学生幸福，这是更充分的理由。

巴校长是一个爱书之人，深知读书的益处。他又是一个仁爱之人，自己得到的益处要别人也得到。所以，他不但自己爱书，要教师和学生也爱书，要他遇见的一切人也爱书。据说他有一个习惯，见了人总问："今天读书了吗？"对于不读书的人，他一概不理睬。据说他还有一个习惯，见了喜爱的书，总是买许多送人。一本《周国平论教育》，他买了不下一千册，本校教师人手一册，还大量赠送别校的教师和政府的官员。我知道我的书没有这么好，但这同样不重要，令我惊喜的是看到一个热爱人文书籍的人，当了一所技术学校的校长，竟也可以把学校办得这么出色。

在赤峰时，巴校长对我说一句话："学校文化其实就是校长文化。"说得对，这也是我的看法。一个学校有一个好校长，带动一批好教师，就一定会是好学校。所以，如果学校办得不好，首先要问责校长。他还对我说一句话："许多校长其实不是校长，而是厂长，甚至是监狱长。"说得好极了。在今天的应试体制下，把学生当作无个性的产品来批量生产，当作无人格的囚犯来封闭式管理，这样的学校还少吗？

巴校长对我的确太偏爱，竟然用我的名字命名学校图书馆，竟然组织教师学习苏霍姆林斯基、陶行知和我的教育思想，这都令我诚惶诚恐，我可断定是百分之百的错爱。苏霍姆林斯基和陶行知当之无愧，但我哪里有什么教育思想，只是读过哲学家们的一些教育论著，然后发表过一些体会罢了。我恳切希望去掉所有这些不实之誉，倘若做不到，就只好自认是巴校长棋局上的一只棋子，既然整个棋局是优良的，把我派作什么用场就不必顶真了。

2013 年 8 月

教育不是热闹的事

——为颜凤岭校长的书作序

颜凤岭毕生从教，担任北京第一实验小学校长也有十几年了。现在，他把任校长期间的文章和讲话结集出版，我毛遂自荐为之写序。

颜校长是一个很低调的人。身为百年名校的校长，他却最不喜欢抛头露面。读他的文字，听他的谈话，你都会觉得朴实无华。可是，读下去，听下去，你便会发现其中大有深意和新意。据我体会，他有两大特点，一是深思，二是实干。他想得多，做得多，写和说都很少，但从这有限的记录中，更能够强烈地感受到他的深思和实干。他对教育有深入系统的思考，认准了正确的目标之后，就扎实地贯彻在学校的全部工作之中。书中有言："现在把教育搞得太热闹，教育不是热闹的事。"此言很能反映他的志趣。做校长不是做风云人物，而是要做一个有远见卓识的脚踏实地的教育实践家。

通过思考和实践，颜校长形成了他的基本教育理念，归纳为四句话："文化育人，生活教人；发展为本，课比天大。"其中，"文化育人"是最核心的理念，后三句话是这个理念在不同方面的体现。本书大致上是按照这四句话来构架的，当然这么划分是相对的，四句话原是整体，所以各章的内容必有交叉。

我本人对颜校长提出的"文化育人"理念十分赞赏。他所理解的"文化"，是指区别于科学知识的人文素质，亦即人的精神品质，包括智力、情感和道德。那么，"文化育人"就是要让这些精神品质得到良好的培育和发展，唯有如此，人作为精神性存在的价值才得到实现，人才真正作为人在生活。

这是教育的根本目标之所在。然而，在今天的教育中，恰恰这个最重要的方面遭到了漠视，可见"文化育人"的提出既抓住了教育的本质，又是极有针对性的。

"文化育人"体现在教育管理上，就是"发展为本"。学校的全部工作都要围绕学生素质的全面发展这个根本来进行。学生的发展是中心，是学校存在的理由，而教师的发展则是学生的发展之保障，学校的发展又是师生的发展之依托。本书对这三个发展的关系阐述得十分清晰，而读者还可以看到，对于每一个发展，实验一小已经探索出了一套行之有效的具体做法。

"文化育人"体现在教学实践上，就是"课比天大"。上课是学校的头等大事，无论学生的发展，还是老师的发展，主要是通过上课来实现的。颜校长把人的行为分成行为层面、情感层面、精神层面。他强调，对于任何课程的效果，都要用这三个层面来要求和衡量。课堂教学不只是灌输知识和培育技能，而是应该培养学生过一种理性生活，获得好奇心的满足和精神品质的提高。在实践中，他十分重视参与，经常通过评课来和教师一起探讨教学的智慧和方法。

"文化育人"体现在学校建设上，就是"生活教人"。教育存在于生活中，生活是广泛的，还包括家庭生活、社会生活等，但是对学生来说，学校是具有特殊意义的生活场所，学校生活对学生的心灵会发生重要影响。实验一小非常重视校园环境的文化建设，巧妙地组合音乐、美术、文物、校史等元素，让学生处处感受文化的魅力，受到人文的熏陶。

在综述了本书的内容构架之后，我想说一说我的一点特别的感受。一位校长怎样管理一所学校，事实上取决于也体现了他的精神格调。我注意到，在本书中，颜校长多次谈到"神性"。他指出：人是有"神性"的，"神性"就是"追求高贵、伟大、卓越、永恒"，有"神性"的人才是"真正的人"。我是多么高兴听到一位中国的小学校长谈论"神性"啊，他是确有感悟的，深知人无法驾驭自己的具有偶然性的"生物性存在"，却可以用一生的努力去追求和完善自己的具有神圣性的"文化性存在"。因此之故，在当今中小学里都格外强调的德育问题上，他也有迥异于现行模式的深刻认识。

他认为，基础教育阶段德育的根本任务是"实现人的文化启蒙"，启迪"善良"（同情心）和"神性"（对高贵的追求，人因此才具有尊严）。以此衡量，现行的一些做法恰恰是德育的反面，比如训练孩子们怎么受领导接见，怎么讨好领导，"这种我们每天不经意的教育对学生的影响至深，无意中是在继承文化糟粕的东西。"我从这些识见中看出，"文化"实在是植根在他的"基因"里的，这样一个人当了校长，如此坚定而细致地实施"文化育人"的教育理念，就是毫不奇怪的了。

2014 年 5 月

中学老师是最难当的
——"教师行走"丛书序

癸巳年夏，行走内蒙古草原，得以结识孙志毅老师。我见到的孙老师，是学问中人，也是性情中人，满腹诗书，一身清爽。我喜欢听他谈古说今，描摹当地名物，而逢应酬的场合，看他如局外人一般淡漠无言，我更心生欢喜。现在，他牵头编辑"教师行走丛书"，收六位作者的教育随笔和手记，嘱我作序，我欣然命笔。我素来由人判断事的价值，相信纯粹之人必做纯粹之事。六位作者皆是内蒙古基础教育领域的精英，在本书中可以一睹其行走的风姿。在他们的这趟教育之旅中，我很乐意做一个随行者，说一点外行的想法。

基础教育是学校教育的重要阶段，我认为也是最艰难的一个阶段。怀特海在论述智力发展阶段时指出：小学和大学都以自由为主导，唯有在中学阶段，纪律是主导，自由必须从属于纪律。按照我的理解，自由是顺应兴趣，而纪律是服从必须。在小学阶段，智力教育的重点是激发和培育一般的求知兴趣；在大学阶段，则是根据业已明确的兴趣方向自主地学习。中学阶段的情况却大不相同，不管是否感兴趣，学生必须学习大量基础知识。因此，中学生是最辛苦的，中学老师也是最难当的。当然，没有兴趣的学习是低效率的，而困难正在于如何引导学生对必须学的知识产生兴趣，使纪律成为自由选择的结果。事实上，即使在学习基础知识的过程中，有三个因素也是具有超越知识本身的价值的，那便是：通过文史哲课程的学习受到人文熏陶，拥有丰富的心灵和高贵的情怀；通过数理化课程的学习得到思维训练，培养智力活动的兴趣和习惯；通过全部课程的综合了解人类知识的概貌，犹如在胸中画一张文化地图，为确定个人兴趣方向和今后专业选择提供依据。在我看来，这三者是比知识更重要的目标，而如果它们在教学中得到充分的体现，就反而能够大大提高学生学习知识的兴趣和效率。

无论是教中小学还是大学，教师都应该具备优良的精神素质。他自身是一个热爱智力生活、对知识充满兴趣的人，才能够在学生心中点燃同样的求知热情。他自身是一个人性丰满、心灵丰富的人，才能够用贴近人性、启迪心灵的方式去教学生。除此之外，鉴于基础教育的特点，对中学教师还有特殊的要求。其一，基础课程横跨文理，科目多，知识量大，因此，中学教师特别要讲究教学艺术，寻求效率的最大化。对于所任的课程，他要善于精选学生必须精确而牢固地掌握的关键内容，把这些内容真正讲透，因而不必勉强学生去熟记许多次要的东西。这样的教学既能节省学生的精力，又容易引发学生的兴趣。当然，要取得这样的效果不能单凭方法，教师自己必须相当精通所任的课程，对基本原理能够融会贯通，举一反三。其二，中学教育实质上是通识教育，因此，中学教师应该是一个通识之才，一个某种程度上的"杂家"，有广阔的知识面，这样才能够触类旁通，把所任的课程教得生动活泼，趣味十足。学生的天赋类型是有差别的，未必对你所教的这门课程都有兴趣，但是一个好的教师可以做到两点，一是使天赋类型适合的学生产生浓厚的兴趣，二是使天赋类型未必适合的学生产生一般的兴趣。

说了上面这些外行的想法之后，我愈发相信我的这个判断了：中学老师是最难当的。因此，我要向本丛书的六位作者，也向全国基础教育领域的每一位优秀教师表示我的深深的敬意。

2014 年 6 月

我看道德教育

怎样教孩子处世做人

——接力出版社"哲学鸟飞罗"系列丛书序

孩子都爱发问。爱发问的孩子是聪明的孩子，这说明他的小脑瓜在思考，他看见了一些令他惊奇或困惑的现象，要寻求答案。这正是父母对孩子进行启发式教育的良机。如果你是聪明的父母，你一定会抓住这个机会，仔细倾听孩子的问题，和他进行平等的讨论，切磋相关的道理。有的家长不喜欢孩子发问，总是不耐烦地顶回去，或者给一个简单的答案了事。这样的家长是最笨的家长，而且可能会扼杀孩子的好奇心，使孩子变得和他一样笨。

千万不要小看孩子提的问题，你要给他解释清楚还真不容易呢。比较起来，最容易回答的是知识性的问题，当然，前提是你具备有关的知识，并且善于根据孩子的理解能力进行讲解。特别难回答的问题有两类，一类是哲学性的，另一类是社会性的。哲学性的问题，即对宇宙和人生的追根究底的发问，原本没有标准答案，因此最佳方式是仅仅给予鼓励，使孩子的思考保持在活泼的开放的状态。社会性的问题，源于孩子与人打交道时产生的困惑，随着年龄增长，与社会接触增多，这类问题会大量涌现。怎么应对这类问题，正是我们现在要着重探讨的。

孩子幼小时，一直生活在父母羽翼的庇护之下，自由自在，无忧无虑。上小学后，情况大变，一下子进入了某种带有强制性的秩序之中，以及某种相对陌生的人际关系之中。他会遭遇许多矛盾，他的极其有限的经验完全不足以对付，因而疑惑丛生。事实上，他已经开始面对如何处世做人这个大问题了。细究起来，最基本的矛盾是个人自由和社会规则之间的矛盾，而这正是贯穿人类社会经济、政治、法律、道德领域的核心问题。在这个问题上，最困难的是如何把握好二者的度，各个学派对此亦是众说纷纭。对于个人来说，个性与社会性的冲突也是贯穿终生的，而儿童时期是其肇始，打下一个正确解决的基础是特别重要的。怎样让孩子既能自由成长，又能适应社会，这同样是令父母们苦恼的问题。我想强调的是，父母在引导孩子思考这类问题时，也要把握好度，不可把孩子教育成小绵羊，盲目服从社会的成规。正确的目标是，让孩子既能明白公共生活的若干基本准则，培养自制、友爱、仁慈等美德，又能学会分析复杂的社会现象，坚持独立思考，培养自信、勇敢、正义等美德。

　　这套童书侧重的正是孩子的社会性发问，以期让孩子懂得处世做人的基本道理。主角菲卢是一个六岁半的男孩，恰好处在开始产生社会性困惑的年龄。作者设计了这个年龄段容易发生疑惑的若干问题，比如：我可以打架吗？我可以撒谎吗？要是我不遵守规则？要是我不去上学？为什么我不能当头儿？每册书针对其中一个问题，父母给菲卢讲道理。有趣的是，就像孩子在这种场合一般会表现的那样，菲卢对父母讲的道理常常不服气。可是，到了晚上，回到自己的房间，他的好朋友——一只名叫飞罗的鸟——就会来找他，而在与飞罗的交谈中，他就慢慢想通了。按照我的理解，这个飞罗其实就是菲卢，是他的那个理性的自我。因此，与飞罗的交谈实际上是菲卢的内心对话。这就告诉我们，父母讲道理讲得好，会起到一个最重要的作用，就是促进孩子那个内在的理性自我觉醒，自己进一步去思考，从而逐渐具备独立解决所遇到的社会性难题的能力。

2012 年 2 月

这个世界会好吗？

　　这个世界会好吗？梁漱溟先生的父亲临终前有此一问，此问始终盘旋在梁先生的心头。二十多年前，他对人性有信心，回答是乐观的。那是 1988年，我们在那个时候也是乐观的。可是，经历了 1989 年后的变化，今天选择乐观回答的人恐怕很少了。原因很多，其中之一是当今国人的道德状况令人沮丧，上面腐败盛行，下面人心冷漠，使人们对人性失去了信心。

　　人性真的变了吗？我的看法是：第一，基本人性不会变，不要说二十几年，几千年来也没有什么变化；第二，道德的基础在人性中，道德出问题不是因为人性变了，而是因为背离了人性。

　　当然，什么是人性，这是永远争不清的问题。我认为比较靠谱的一个说法是：作为生命，人有利己的本能，但也有推己及人理解别人的本能，在利己的时候不去损人，乃至于能去助人。这就是同情心，而同情心是道德的重要基础。所以，一个社会要有好的道德状况，关键在于建立好的法律秩序，给利己划定界限，这个界限就是不可损人。恕我无知，我很简单地把法治的实质归结为一句话，就是保护利己、惩罚损人。这样形成一个人人有安全感的环境，在这样的环境中，同情心最容易生长。

　　柏拉图曾经借格劳孔之口讲一个故事。有一个牧羊人捡到了一枚宝石戒指，可以使他隐身，他就靠隐身术勾引了王后，杀掉了国王，霸占了王国。格劳孔得出结论说，如果能够为所欲为而不受法律的惩罚，世界上就不会有正义的人了。完全可以想象，如果人人有隐身术，天下必定大乱。即使一小部分人有隐身术，可以为所欲为而不受惩罚，也会使没有隐身术的大部分人毫无安全感，自身尚且难保，哪里还有心气同情和帮助他人。其实这就是我们今天的现实，而法治就是让任何人都不能有隐身术。

对人性还可以有另一层面的分析，就是人不只是生命，更是精神性的存在，而这才是人的本质。精神性相当于人身上的神性，是人之为人的尊严所在，不可亵渎，而做人的尊严就是道德的另一个重要基础。这样来看道德，实际上已经是信仰了，因为信仰的实质就是相信人的精神本质，不管把这个本质叫做理性、心还是灵魂。

一个社会的道德状况如何，不是孤立的现象，取决于社会的整体状况能否把人性中的道德基础开发出来。最重要的东西是两个，一个是法治，一个是信仰。道德无非靠他律和自律，法治增强了他律的力量，信仰提高了自律的觉悟。道德好比一个淑女，她的力量太单薄，需要法治做她的卫士，她的觉悟不够高，需要信仰做她的教师。那么，在今日中国，法治和信仰二者都欠缺，道德状况怎么好得了呢？

根据我对道德的人性基础的理解，我一直认为，最重要的道德品质是两个：一是善良，即有同情心，二是高贵，即有做人的尊严。可是，看一看我们的道德教育，从中小学的德育课到社会上的道德宣传，有多少这样的内容？大多是意识形态的灌输。这样的道德教育使人对道德的根本毫无概念，更坏的作用是导致虚伪，大家都说着自己不相信的话，好人人格分裂，坏人耍两面派，使道德状况更加恶化。

我仍然对人性有信心，这个世界会好的。但是，为了让世界好起来，我们必须做艰巨的工作，包括实现法治，鼓励真正意义上的信仰，也包括回到人性来进行道德教育。

（本文为 2013 年 3 月 28 日在凤凰视频中国思想雅集的发言。）

道德的根本

道德问题是人生哲学的重大主题。在中西哲学中，从源头上看，道德问题的探究都占据了重要的位置。在中国，孔子创立的儒家哲学基本上就是一种道德哲学。在西方，苏格拉底探究的主要问题是什么是善，也就是什么是好的生活，正当的生活，道德的生活。人不但要过幸福的生活，让自己满意的生活，人还应该过正当的生活，作为人来说应该过的生活，配得上"人"这个称号的生活。所谓道德，就是真正作为一个人，作为一个大写的"人"生活在这个世界上。

探究道德问题，不能局限在规范上，停留在规范上，比如说五讲四美、遵守纪律之类。也不应该与意识形态相混淆，我们是有这个毛病的，往往一讲道德教育，就是爱国主义啊，集体主义啊，这些东西严格地说来不属于道德范畴，而是属于意识形态范畴。这些东西当然也可以谈，但至少没有触及道德的根本。真正谈道德问题，我觉得应该从根上去谈，就是道德在人性中的基础究竟是什么，一个人怎么样才是配得上"人"这个称号的，一个社会怎么样才是适合于人真正作为"人"生活的。

我一直强调，人身上有两个东西是最宝贵的，一是生命，二是灵魂。我讲幸福问题抓住的是这两个东西，得出的结论是幸福就在于生命的单纯和灵魂的丰富。现在我讲道德问题，抓住的也是这两个东西，道德的基础也是在这两个东西里面。作为生命，人对其他生命应该有，按理说也确实会有同情心。那么，这个同情心就是道德的一个基础。所谓同情心，无非是指人和人之间互相都把对方当作生命来对待，这是生命与生命之间应该有的情感。作为灵魂，人是有尊严的，应该尊重自己也尊重他人。那么，这个尊严感就是道德的另一个基础。所谓尊严感，无非是指人和人之间互相都把对方当作灵魂来对待，这是灵魂与灵魂之间应该有的态度。

在西方哲学中，哲学家们正是从这两个方面来论述道德的基础的。大体来说，英国哲学家比较强调同情心，德国哲学家比较强调尊严感。我本人觉得两者都对，可以把它们结合起来，不妨说同情心是道德的初级基础，尊严感是道德的高级基础。有同情心，作为生命对别的生命有同情的感应，就是善良；有尊严感，意识到并且在行为中体现出做人的尊严，就是高贵。所以，最重要的道德品质是善良和高贵。

我们谈论道德，理应从人性出发，抓住生命和灵魂这两个最重要的东西，抓住人性的这两头，生命是人性的地基，灵魂是人性的上层建筑，不能光从中间的社会层面来谈。中国的儒家，虽然也有这两方面的谈论，比如孟子讲的恻隐之心就是同情心，荀子讲的人因为有"义"所以"最为天下贵"接近于灵魂的尊严，但是，总的来说，儒家传统太看重社会这个层面了，主流是从维护宗法社会的秩序来谈道德问题。其实，一个社会，只有其成员生命的质量高，灵魂的质量高，社会整体的质量才会高。社会是干什么用的？我说社会应该是为生命和灵魂服务的。一个好的社会秩序，应该保护生命的权利和灵魂的自由，让二者得到很好的生长，这两头有好的状态，当中那个社会层面就自然会有好的状态。如果只顾社会的稳定，为此牺牲生命和灵魂，这个社会就一定有问题。生命的同情，灵魂的尊严，这两条是道德的根本，有了这两条，那些具体的道德规范就能纲举目张，很自然的事情，用不着你去盯着，道德本来就应该是一种自律。

道德的基础之一：同情心

1. 同情心是道德的初级基础

在中西哲学家中，都有人主张同情心是道德的基础，我觉得比较有代表性的，在中国是孟子，在西方是亚当·斯密。

孟子说，人都有"恻隐之心"、"不忍人之心"，就是看到别人在痛苦，你会感到难受，其实他说的就是同情心。他说这个东西是"仁之端"，是道德的开端。如果没有这个东西呢，就"非人也"，就不是人，人和禽兽的区别是从有没有同情心开始的。

亚当·斯密，他是英国古典经济学家，也是一个哲学家。他一生写了两本大书，一本是《国富论》，是市场经济理论的奠基之作，另一本是《道德情操论》，就是谈道德问题的。他是怎么谈的呢？他是立足于人性来分析的。他说，从人性来说，人有两个方面。一方面，作为生命的个体，人都是利己的，是趋利避害的，对生命有利的就追求，对生命有害的就逃避，这是生命的本能。但是，另一方面，人还能将心比心，推己及人。你是利己的，别人也是利己的，你爱自己的生命，别人也爱自己的生命，你能够推己及人，通过自己的感受去体会别人的感受，这就是同情心。同情心比利己心可能弱一些，但也很强烈，可以说是生命的第二本能。这个同情心就是道德的根源，在同情心的基础上形成了社会的两种最基本的道德，即正义和仁慈，而人类所有其他的道德都是从这两种基本道德派生出来的，因此归根到底也都是从同情心发端的。

正义，简单地说就是不能损害别人，不能侵犯别人，不能给别人造成痛苦。你自己觉得有害的东西，你不要强加到别人头上，用孔子的话来说，就是"己所不欲，勿施于人"。你看到有人在做损害他人的事情，你要反对，要站出来主持公道，要尽你的力量去制止，从社会来说则要通过法律予以惩罚。这就是正义。

另外一种基本的道德是仁慈。如果说正义是不损人，仁慈就是不但不可损人，还要助人。看到别人有困难、有痛苦，你要去帮助他，要帮助弱者，帮助遭受苦难的人。你觉得好的东西，作为人应该享受到的东西，也要让别人享受到，用孔子的话来说，就是"己欲立而立人，己欲达而达人"。

　　一般来说，正义被称为消极道德，是不做坏事并且与坏事作斗争，仁慈被称为积极道德，是要做好事。对于一个社会来说，这两种道德都很重要，而它们都是建立在同情心基础上的，都是将心比心的结果。

　　我本人认为，同情心又是建立在珍惜生命的觉悟的基础上的。生命是最基本的价值，是人生其他一切价值的基础。每个人都只有一条命，都爱自己这唯一的生命，那么，当你看别人的时候，你要看到别人也只有一条命，也是爱自己这唯一的生命的。你要用你对自己生命的这种感觉去将心比心，推己及人，去体会别人的同样感觉。所以，同情心的前提是对生命要有一种敏感，真正把自己当生命对待，这样才可能也把别人当生命对待。人与人之间作为生命和生命互相对待，珍惜自己的生命也珍惜每一个他人的生命，这就是同情心。如果生命感麻痹，同情心也一定麻痹。

　　我觉得现在这个问题是存在的。当我们在社会上奋斗的时候，我们常常会忘记自己是一个生命，常常会把那些后来附加在生命上的东西，那些身份、地位、财产、权力等等当成了自己，总是为这些东西活着。那么人和人之间势必也是这样，你都没有把自己看作一个生命，怎么可能把别人看作一个生命呢？结果，人和人之间往往是身份和身份的比较，利益和利益的较量，同情心就没有了立足之地。这非常可悲。所以，必须回到本原——每个人都是一个生命。你是一个生命，别人也是一个生命，要有这种强烈的生命意识，才会有同情心。

2. 做一个善良的人

　　人作为生命，作为能够意识到生命的珍贵的一种生命，同情心是人性中的一个基本成分，是道德的一个重要基础。一个有同情心的人，也就是一个善良的人。所以我认为，善良是做人的基本品质，是最基本的道德品质。看一个人的好坏，我第一就看他对生命的态度，看他面对生命现象是否感动。比如说，面对幼儿或者小动物，有的人不由自主地喜欢，有的人却无动于衷，我觉得是很能反映这个人的人性的。是不是善良，这是区分好人与坏人的最初界限，也是最后界限。一个人如果不善良，你就别跟我谈道德，你是虚伪的，什么爱国主义啊，什么集体主义啊，与道德都不搭界。你首先要善良，你有基本的善良，才配谈道德。

作为个人，你必须善良，才算是一个人。一个人不善良，没有同情心，就什么坏事都会做，还真不能算是一个人。善良、同情心是道德的底线，按照孟子的说法，是人与禽兽区别的开端。人和禽兽的区别就这么一点点东西，要把它发扬光大，如果泯灭了，人就成了"非人"，人沦为禽兽就是从同情心的麻木、死灭开始的。

在我看来，一个人如果不善良，没有同情心，对生命冷漠、冷酷，其实连禽兽也不如，比禽兽坏得多。那些猛兽，你站在弱小动物或者站在没有防护的人的立场上可以说它们残暴，但它们的残暴仅仅是一种本能，仅仅是为了满足生存的需要，不会超出这个生存需要的范围。但人不一样，人残酷起来没有边儿，什么坏事都能干，完全不是为了生存，和生存毫无关系的坏事也会干。人会以残酷为乐，从残酷中得到快乐，而且可以把人特有的精神能力，把智力、想象力都用在这上面。人的这种残酷的能力要远远超过动物，动物不会有法西斯，不会有恐怖主义，不会有形形色色的酷刑，只有人类才会有。

如果说个人没有同情心就不是人，那么，一个社会，如果普遍没有同情心，善良成为稀缺品质，那就不是人待的地方。生活在这样的社会里，没有安全感，没有温暖，没有幸福。一个好的社会，起码的条件是它的成员普遍有同情心，善良是占主导地位的品质。现在这个问题比较严重，从社会现状看，伪劣食品、假药泛滥，矿难、公共安全事故频繁，野蛮执法、见死不救的事件触目惊心，种种现象让人感到善良缺失，对生命的冷漠、冷酷比比皆是。我认为，除了从个人的生命觉悟找原因外，更应该从社会的角度反思，根本的原因是法治秩序没有真正建立起来，对残害生命的行为不能有效地防止和惩罚，相反，善良的人往往处于弱势，甚至因为善良而招祸。在这样的环境中，同情心得不到鼓励和保护，使得人们不敢善良。所以，从社会的角度讲，唯有健全法制，扬善惩恶，才能形成良好的道德氛围。

道德的基础之二：做人的尊严

1. 道德的高级基础：做人的尊严

在西方哲学史上，还有一些哲学家强调，人是有灵魂的，而作为有灵魂的存在，做人是有尊严的，这个做人的尊严是道德的基础。主张这样一个观点的，古希腊从苏格拉底开始，近代主要是康德这一派德国哲学家。我本人认为，这一派的观点与主张同情心是基础并非不相容的，因为人性本来就包含两个层次，一是生命，二是精神性，二者都可以是道德的基础，从二者谈道德都是言之成理的。

人不仅仅是一个生命的存在，而且是一个精神性的存在，这是人比动物高级的地方，是人之为人的特点。作为精神性的存在，人不但要活，而且要活得有意义，有对超出生存之上的意义的追求。所谓灵魂，就是指这样一种超越性，要超越生存，追求比生存更高的意义。在一定意义上可以说，这是人身上的神性。人的高贵在于灵魂，人不可以亵渎自己身上的这个神性，要有做人的尊严。和基于生命的同情心相比，这个基于灵魂的尊严感确实是道德的更高基础。

关于人的尊严，康德有一个经典表述，他说：人是目的，在任何情况下不可以把人用作手段。这句话什么意思呢？康德说，人有两个方面，一个是身体，身体是物质的东西，人作为身体是属于现象世界的，受自然规律支配，是不自由的。但是人还有另一方面，就是灵魂，灵魂是超越物质的，人作为灵魂是属于本体世界的，因而是自由的。怎么证明人是自由的呢？康德说，证据就是道德，道德证明了人能够支配自己的行为，能够为自己的行为立法，证明了人是自由的。人的身体受自然规律支配，要趋利避害，是利己的，但是，人不仅仅是受本能的支配做事情，当人按照道德做事情的时候，人其实站得比本能高，超越了本能，做应当做的事。这时候，他是在用一个高于自然规律的法则指导自己，这个法则有时候甚至是对抗自然规律的，不但不利己，而且损害自己，牺牲自己。这是一个至高无上的法则，它不是自然界规定的，必定另有崇高的来源、神圣的来源。那么，康德说的人是目的，就是指这个作为灵魂的人，作为精神性存在的人，作为本体世界的人，这是人的真正本质之所在，人身上的这个最高贵的部分、神圣的部分是目的，永远不可以把它用作手段。

按我的体会，康德说的意思就是要把人当人，当那个大写的"人"，对自己、对别人都应该这样。从对自己来说，你要清楚，你是一个精神性的存在，你是有灵魂的，你的肉体的存在只是手段，精神性的存在才是目的。肉体要为灵魂服务，使灵魂的生活更有品质，不能颠倒过来，灵魂为肉体服务，为了肉体过得好什么坏事都干。如果为了满足肉体的欲望，为了物质的利益，不要道德，不要人格，什么坏事都干，那样的话，你实际上就是把自己身上那个高级部分当作为低级部分服务的手段了，你丢掉了那个使你成其为人的东西了。从对他人来说，道理也相同，你要把每一个人都当作是一个灵魂，是有尊严的，不可把任何人当作满足你的私欲的手段。

如果说同情是人和人之间互相作为生命对待，那么，尊严就是人和人之间互相作为灵魂对待。尊严体现在自尊和尊重他人，自尊是把自己当作灵魂，尊重他人是把他人当作灵魂，与同情相比，尊严在道德上提出了更高的要求。只有同情是不够的，比如说，按照同情的要求，你认为好的东西，应该将心比心，让别人也享受到。从生活基本需要譬如温饱来说，这是对的。但是，涉及生活方式、精神趣味、政治观点等等，就不能这样了，己之所欲也不应该强施于人，你必须尊重他人的选择，这就属于尊严的范畴。有的哲学家，例如尼采，很反对同情的道德，理由就是同情会侵犯他人的尊严。我的看法是，两种道德都需要，各有其领域，在涉及生命的事情上要讲同情，在涉及灵魂的事情上要讲尊重。

事实上，现在社会上很多人是没有做人的尊严感的，所谓道德滑坡、道德沦丧，尊严观念的缺乏是一个重要根源，道德上的很多问题可以从这里面找到答案。反省我们的文化传统，我觉得缺两个东西，一个是对个体生命价值的尊重，一个是对个人灵魂的尊重，而这两个东西恰恰是普世道德的两个最重要的基础。这个问题我就不多说了。当然，问题的解决还是要靠法治，建立健全的法治秩序，让那些没有同情心、没有尊严感的人受到孤立，触犯法律的受到惩罚，这是必由之路。

2. 做一个高贵的人

做人不但要善良，而且要高贵。善良是有同情心，高贵就是意识到做人的尊严，并且在行为中体现出做人的尊严。我认为最重要的道德品质是善良和高贵，一个心地善良、灵魂高贵的人，就是一个完整意义上的有道德的人。

灵魂高贵者的特点是自尊和尊重他人，而且正是在对他人的尊重中，最真实自然地体现出了他的自尊。自尊绝非唯我独尊，恰恰相反，高贵的人待人一定是平等的，他在自己身上体会到了做人的尊严，因此很自然地把别人也看成有尊严的人。他把自己当人看，所以也把别人当人看。那些不把别人当人的人，暴露出的正是也没有把自己当人。

高贵曾经是人类一个特别重要的价值，古希腊人和古罗马人都讲高贵。欧洲长期的贵族制度当然有种种弊病，但也有功劳，就是培育了高贵的仪态和风度。法国大革命时期，国王路易十六和王后都上了断头台，王后在上断头台的那一刻，不小心踩了刽子手的脚，她留下的最后一句话是一声优雅的道歉："对不起，先生。"不管人们对她生前的行为有怎样的非议，我们看到，她在临死前证明了做人的尊严。

我们现在很少说高贵这个词了，或者滥用这个词，在房地产广告上用得最多，好像住豪华别墅就是高贵，就是至尊。当然，这是伪高贵。人的高贵在于灵魂，在于尊敬和发扬自己身上的神性。那些精神性薄弱的人，灵魂没有被光照亮的人，他没有内在的东西，就必定把外在的东西看得很重，就会用财产、权力、地位为自己估价，也为他人估价，以为这些东西就代表高贵。一个流行的说法，身价多少万多少亿，觉得很了不起，庸俗到了极点，也可笑到了极点。尊严无价，只有无尊严者才会用金钱、用物质的东西为自己定价。

今天有很多人真是不把尊严当回事，为了金钱、权力出卖自己的尊严，又依仗金钱、权力凌辱他人的尊严。一个人有没有做人的尊严，是处处体现出来的。开一辆宝马，就觉得自己非常了不起，横冲直撞，飙车，如入无人之境，把人撞伤撞死。我觉得开车特别能显示一个人的品德，你是不是尊重行人，是不是尊重别的开车的人，发生剐蹭时你的态度，可以清楚地看出你的人品和教养。比如说下雨的时候，我在路上走，路很窄，地上有积水，这个时候我就注意观察。有的车经过你身边的时候，就放慢速度，生怕把积水溅到你身上，这时候我就对自己说，车里坐着一个有灵魂的人。有的车开足马力驶过去了，溅你一身水，这时候我就对自己说，车里面坐着一个没有灵魂的家伙。他目中无人，不把你当人，也就是不把自己当人，此时此刻他就的确不是人，他对别人身上和自己身上的那个"人"毫无概念。

我认为"精神贵族"是一个褒义词，人应该做精神贵族，做灵魂高贵的人。灵魂、精神属性本来就是人身上最高贵的部分，你要让它在你身上也高贵，不能让它蒙羞。即使你在社会上是一个平凡的人，但做人有尊严，你就是上帝喜欢的人，换一种说法，你的人生是成功的，如果有一个最高评判者，他会把你归到优秀者的阵营。相反，你在社会上多么吃得开，做人很下作，你就只是一个有权有势有钱的精神贱民，你的人生是失败的，上帝算总账的时候会把你打入另册。

从幸福观的角度看，做人做得好是人生的最高幸福。这一点，尤其是完善主义那一派所强调的。苏格拉底把照料灵魂视为人生的主要使命，认为德行就是幸福，意识到自己一生过正义生活的人是最幸福的。儒家也有类似看法，把立德视为人生的最高境界，认为一个人的道德修养本身就有自足的价值，是幸福感的源泉。当然，基督教就更强调灵魂的修炼了。《约翰福音》里说：光明来到人世，而人们宁爱黑暗不爱光明，这本身即是审判。也就是说，拒绝光明，灵魂始终在黑暗中，一生未尝享受过做人的快乐，这本身就已经是最严重的惩罚。那么相反，灵魂被照亮，做一个有道德、有信仰的人，这本身就是奖赏，就是幸福。

其实，当我们把道德建立在做人的尊严基础之上，就已经进入信仰的领域了，这个道德本身就具有信仰的性质了。什么是信仰？无非是相信人身上是有神性的，不可亵渎它，要有做人的尊严，或者按照佛教的说法，人身上是有佛性的，不可埋没它，要有做人的觉悟。无论什么宗教，最后都落脚到开发内心的光明，在这个基础上处世做人，殊途而同归。

（在 2010 年以来以《哲学与人生》为题的讲座中，皆包含关于道德的内容，本文把这部分内容独立出来，单独整理成篇。）

第七辑

讲演辑录

教育的目的

讲座时间：2012 年 3 月 28 日

讲座地点：杭州师大继续教育学院（北京京师大厦）

教育的理念

1. 哲学与教育

今天很高兴和来自浙江名校的校长和老师们进行交流，交流的主题是"教育的目的"。其实你们都是专家，我完全是业余的，是一个外行，没有当过老师，更没有当过校长。我看教育的角度有两个。一个我是家长，我的孩子在上初中二年级，那么从她小时候起，家里的教育也很重要，我两年前出过一本书，叫《宝贝，宝贝》，其中很多内容是讲我怎么看待对子女的教育的，我想家庭教育和学校教育的基本道理是一样的。另一个角度是，我是研究哲学的，哲学就成为我看教育的一个角度。

事实上，历史上许多哲学家都很重视和关注教育，西方的哲学家，比如柏拉图、洛克、卢梭、杜威、怀特海，他们都有关于教育的专著或言论，而且都相当精彩。我是研究尼采的，尼采对教育也有很精彩的见解。我翻译了一本他早期的著作，叫《我们教育机构的未来》，最近出版了，这本书以前没有汉译本，尼采在里面对当时的德国教育做了批判，非常深刻，着重批判的是教育功利化的倾向，对于我们今天也很有现实意义。

哲学家关注教育完全是题中应有之义，是理所当然的。哲学所讨论的问题，从人生哲学来说，就是人应该怎么生活，什么样的生活才是好的生活，那么教育真正要让受教育者懂得的也就是这个道理，人应该过什么样的生活，具备过好的生活的目标和能力。哲学和教育是相通的，做人的道理和育人的道理是相通的，所以我对自己子女的教育也好，或者让我一般地来谈一谈教育问题也好，我就有一个根本的出发点，就是人生中什么东西是值得珍惜和追求的，那么我就应该让我的孩子得到这个东西，教育就应该让受教育者得到这个东西，我认为这就是教育的目的。

人生中最值得珍惜和追求的是什么？人生的目标应该是什么？我想来想去无非是两样东西。第一是优秀，人活在世界上应该做一个优秀的人，所谓优秀就是人所具有的那些禀赋能够得到很好的生长，包括身体的健康，当然更重要的是人之为人的属性，人的精神禀赋得到很好的生长。第二是幸福，其实幸福和优秀是相通的，幸福的一个最重要内涵是享受人的高级属性，享受精神的快乐，所以这些精神属性必须生长得好你才能真正幸福。幸福是一种能力，一个人并不是想幸福就能幸福的，你必须有好的素质，才能享受精神层面的幸福，你素质差，精神层面的幸福就和你无缘。所以，我看教育的目标基本上是两个尺度，用人性的尺度看就是优秀，要成为人性意义上优秀的人，让受教育者的精神禀赋得到很好的生长，用人生的尺度看就是幸福，让受教育者具备幸福的能力，有一个幸福的人生。

这是我的一个基本出发点，教育的目标就是人性的优秀和人生的幸福，二者的关键都在于精神禀赋的良好生长。

2. 教育就是生长

在哲学家的教育观点中，我想特别谈一下教育就是生长，这是我特别欣赏的一个观点。教育就是生长，生长本身就是目的，这个观点首先是法国哲学家卢梭提出的，后来美国哲学家杜威加以阐释和发展。这个观点强调的是只要生长得好，教育就是成功的，并不是在生长之外还另有一个标准、一个目的，或者说要朝着某个目标去生长。不要给生长另外设定一个目标，比如说将来能够适应社会，能够谋取一个好的职业，能够做出成就，你给生长设定了这样一个功利性的目标，这本身就是对生长的压制和扭曲，实际上已经不是真正把生长本身当作目的了。

有的人可能会说，孩子总是要走向社会的，所以你就要对他走入社会以后能不能适应社会、能不能成功负责。我说对的，但是什么样的孩子在走入社会以后真正能在社会上发挥好的作用？当然是生长得好的孩子，也就是素质优秀的人。适应社会不应该是被动的，古罗马哲学家西塞罗说，教育的目的是要让受教育者摆脱现实的奴役，而不是单纯的适应现实。一个素质优秀的人对于现实不是被动地适应，而是能够做出积极的反应，从而改变现实。如果只是适应现实，要教育做什么？

说到优秀与成功的关系，我们可以比较一下两种模式。一种是按照优秀的目标培养学生，如果这个目标实现了，这个学生在德智体各方面都生长得很好，他在走入社会以后，你说他成功的机会大不大？而且这个成功不仅仅是谋得一个好的职业，不是这种表面的、狭隘的成功，而是真正对社会有所贡献，是真正意义上的成功。相反，如果把功利性的成功设定为目标，就像现在这样，把应试、升学、就业放在首位，势必会压制真正的生长，结果只能培养出平庸的人，将来即使成功也是那种低层次的成功。

这是从个人的成功来说。从社会的效果来说，我们可以用社会的尺度来衡量教育是否成功，但是这个社会的尺度应该是广阔的，不应该是狭隘的，不应该是纯粹功利性的。我相信罗素的判断，他说一个社会如果是由本性优秀的男女组成的，这样的社会肯定比相反的情形要好。如果我们以优秀和幸福为教育的目标，培养出的是整体素质优秀、充满幸福感受的男女，那么，在这样的男女成为社会的基本成员以后，人和人之间的关系一定是积极的、和谐的，社会本身的品质一定是好的。我们这样来看教育的社会效果，才真正是对社会负责，对孩子的将来负责。

根据教育就是生长这个观点，我们可以引伸出一个很重要的观点，就是人生的各个阶段，每个阶段本身都有不可取代的价值，没有一个阶段仅仅是为了下一个阶段做准备的。现在很流行的却是，幼儿园是为小学做准备，所以孩子在幼儿园里就要认许多字，甚至要学英语，小学是为小升初做准备，初中为升高中做准备，高中为升大学做准备，总之每个阶段好像都没有自身的价值，教育的目的不是把这个阶段的价值也实现出来，仅仅是为后面的阶段做准备。这样的观点和做法，真的是扼杀了很多宝贵的东西，扼杀了每个阶段自身的价值。

对于这个问题，杜威曾经谈到过，他指出教育是生活的过程，而不是将来生活的准备。讲得最清楚的是教育家蒙台梭利，他说对于儿童期有两种不同的观点。一种是把儿童看作没有长成的大人，我们要帮助他长大成人。"长大成人"这个说法本身就很荒唐，难道儿童不是人吗？这实际上就是认为儿童期本身是没有价值的，如果说有价值，其全部价值就是为成人阶段做准备，做这个准备就成了教育的唯一目标。这是一种观点。另一种观点就是蒙台梭利和杜威所主张的，认为儿童期本身具有极重要的价值，是一个人身心生长最迅速、最活跃的阶段，这个价值是以后任何一个阶段都不能代替的。所以，教育的目标就是实现这个价值，使孩子的身心健康生长，有一个幸福而有意义的童年，以此为他整个人生的幸福而有意义创造一个良好的开端，打下一个坚实的基础。事实上，看一个孩子将来能不能幸福，现在就可以有一个初步的判断，如果他现在不幸福，现在的生长受到挫折，整天疲于应付功课和考试，没有玩的时间，内心很压抑，童年的这种痛苦是会留下阴影的，他以后的幸福就有问题。

我们看一看中国教育的现状，真的很令人忧虑。从幼儿园开始，包括整个基础教育阶段，目标很狭隘，就是应试和升学，用这个目标规划了孩子的全部学校生活，甚至放学回家以后的生活。最后，学生的头脑里塞满了为考试而背诵的知识，心里充满了升学和谋生的焦虑，对人之为人的幸福越来越陌生，离人性意义上的优秀越来越遥远，我们理应问一下：这还是教育吗？成人世界把自己渺小的功利目标强加在孩子的头上，把他们驱赶到升学和就业的战场去拼搏，使得很多的孩子事实上没有了童年，起码没有一个快乐的童年。这种做法的后果，我们现在也许还看不出来，但是，在孩子们将来的人生中，在他们长大以后组成的社会的状况中，这种童年价值被野蛮剥夺的恶果真不知道会以怎样可怕的方式显现出来！

从智、情、德三方面谈教育的目的

教育就是生长，教育的目的是要生长得好，成为人性意义上优秀的人，并且因此具备幸福的能力，这是一个基本出发点。那么，教育要使人的哪些品质生长得好呢？当然，从身体来说，是要健康，这个我今天不说，我只说精神品质的生长。人的精神属性可以相对地分成三个方面。第一是智力，就是头脑，理性，认识能力。第二是情感，就是感受能力，也可以说就是心灵生活。第三是意志，按照康德的说法，就是支配自己行为的能力，人不只是受本能的支配，更受道德的支配，有崇高的精神追求，这是人和动物的区别之所在。用儒家的语言来说，就是义，正义的义。这三个方面，就对应于我们经常讲的三种主要的精神价值，头脑追求的是真，情感追求的是美，道德追求的是善。从教育来说，也对应于三种主要的教育，就是智育、美育和德育。我认为，智育的目的是自由的头脑，美育的目的是丰富的心灵，德育的目的是善良、高贵的灵魂。下面我分三个方面来讲，因为学校教育的主要工作是智力教育，所以重点讲智育

1. 智育的目的：自由的头脑

智育的目的是培育自由的头脑，而不只是灌输知识。我始终认为，最重要的智力品质是两个东西。第一是好奇心，就是对世界、事物和知识充满着兴趣，有强烈的求知欲望。第二是独立思考的能力，就是对自己感兴趣的问题，一定要用自己的头脑想明白，对一切现有的说法要追问它的根据，去得出自己的结论。在初级和基础教育阶段，好奇心的保护和鼓励尤其重要。孩子理性开始觉醒的时候，好奇心是最活跃的，这个时候如果受到压制和挫伤，后果就会很严重。兴趣是学习的内在动力，学习有没有成效，首先取决于有没有兴趣。如果一个学生对学习始终没有兴趣，我觉得他基本上是没有

希望了。

爱因斯坦回忆他对科学发生兴趣的经历，最早是在 5 岁的时候，他父亲送给他一个指南针，他玩的时候很惊讶，我的手并没有碰那根针，为什么它会动，总是回到同一个方向。他说当时他就产生了一个感觉，觉得事物内部藏着一个秘密，等待他去找出来。这种感觉实际上就是一种科学探索的冲动。第二个契机是 13 岁的时候，学平面几何，那些证明题，他又感到非常惊奇，在图形上看不出来的关系，但是你可以很精确地证明出来。我学平面几何的时候也是这个感觉，上中学的时候，我最喜欢的功课是数学，解几何题让我非常入迷，我觉得不完全是逻辑思维，里面也有一种理性的直觉，这个东西真的有魅力。

好奇心这么重要，但是正如爱因斯坦所说的，它是一棵脆弱的嫩苗，很容易被扼杀掉，他说我们的教育竟然没有把它完全扼杀掉，这简直是一个奇迹。其实欧洲的教育体制是比较注重兴趣和独立思考的，但是这确实是一个难题，不要说我们这种应试主导的教育体制，凡是体制性的、机构性的教育，都面临着这个难题，就是在有统一教材和方案的情况下，如何保护好奇心，尽可能少地损害不同个人的禀赋和兴趣。像爱因斯坦这样的天才是任何教育体制都压不住的，能够冲破任何体制的束缚自学成才。但是一般学生就不是这样了，体制的伤害可能是致命的。我们现在的应试体制就是这样，我觉得至少有两点是必须改变也可以改变的。第一是功课太重。我的孩子在上初中，功课负担已经很重了，每天放学回家要花近两个小时做作业，做完作业就该睡觉了，根本没有多余时间来发展自己的兴趣。其实，作业中有很大部分是没有多少智力含量的简单劳动，完全可以精简。所以，第二就要改变教学内容和方法，提高功课的智力含量，让学生对功课本身也有兴趣。一方面功课本身是让人有兴趣的，另一方面在功课之外有余暇发展自己的兴趣，这才是好的智力教育。

英国哲学家怀特海有一本书叫做《教育的目的》，和我今天的讲题是相同的，我建议你们看一看，非常棒。书中谈到一点，就是从儿童一开始接受教育起，就应该让他们体验到智力活动的快乐。最应该让孩子们在学习中得到的东西，就是好奇心的激发和满足，求知和思考的乐趣。让学生在受教育的过程中，品尝到智力活动本身的快乐，从此养成智力活动的习惯，这才是智育的主要目标，也是判断智力教育成功与否的主要标准。

具体地说，智力教育的重点是培养学生的两个能力，一个是快乐学习的能力，学习本身就是快乐，喜欢学习，另一个是自主学习的能力，不但喜欢学习，而且能够根据自己的兴趣安排自己的学习。这一点到大学更加重要，大学基本应该是自学，但底子是在中学里打下的，如果在中学阶段已经具备了一定的自学能力，到大学里就自由了，就能真正按照自己的目标来学习了。这两个能力真的是一笔终生的财富，人是要一辈子学习的，不必说小学、中学和大学本科，就是你研究生毕业了，那也只是一个开头，以后就靠你自己了。如果你在学校里没有养成这两种能力的话，出了校门，你的学习就停止了，就那么一点儿东西，那一点儿东西往往也都忘记了，不会有什么长进的。相反，如果在学校里养成了这两个能力，喜欢学习，并且能够自主学习，这样的学生将来一定能够找到他最擅长的领域，会有自己真正的事业，他的成功会是有质量的，而这就会成为他的人生幸福的一个重要方面。

2. 美育的目的：丰富的心灵

美育的目的是培育丰富的心灵，而不只是训练技艺，比如弹琴、画画之类。现在很多家长让孩子学这些，目的非常功利，就是为了以后多一条出路，或者是小升初、上高中有一个特长生证书，这都扭曲了美育的本义。人不但有认识能力，而且有感受能力，美育是要让你的感受能力得到很好的生长，让心灵变得丰富。

我说教育最后的目的是优秀和幸福，那么感受能力对于优秀和幸福都很重要。从优秀来说，人的感受能力，包括直觉、想象力、感觉的敏感度、内心体验的丰富度，是人的创造力的重要源泉。不必说人文和艺术领域，即使你是从事哲学或科学研究的，也不能仅仅靠理性思维，如果直觉能力和感受能力不好，是不会有多大成就的。从幸福来说，一个人感受能力好，心灵丰富，就是在自己身上有了一个快乐的源泉。一个心灵丰富的人是不怕独处的，他自己一个人待着也是享受。有的人是很怕自己一个人待着的，其实很可怜，连自己都不喜欢自己。一个人应该喜欢自己，这个自己是丰富的，你就会喜欢，所以要让自己丰富起来。

怎么样让自己丰富起来？阅读是最主要的途径。中学阶段是培养阅读习惯和品位的最关键时期，我回忆自己，就是从中学开始对课外阅读产生强烈兴趣的，读了很多课外书。我提出一个概念，叫做青春期的阅读，青春期的孩子一旦爱上了书籍，阅读就真的有一种恋爱的感觉，纯粹而又陶醉，那种幸福感不亚于真正的谈恋爱。一个人在中学阶段有没有这个经历，会影响到一生。那些品尝过青春期阅读的快乐的学生，我相信他们就会从此养成读书的习惯，因为他们决不愿意放弃那种快乐，相反，没有品尝过这种快乐的人，错过了那个阶段，再也没有机会体验这种纯粹、陶醉的阅读了，就有可能成为一个一辈子不读书的人。所以，一定要给孩子们的课外阅读留出时间，如果让他们疲于应付功课，完全没有时间读课外书，这个损失对他们来说也许是无法弥补的。

的确有很多人走出校门以后基本上不读书了，最多读一些畅销书或者实用类的书，没有严格意义上的阅读，这是很可悲的，人生的幸福少了一大块。人类创造了许多物质财富，包括科技的成果，电脑和手机越来越先进，我们都愿意去享受，但是人类还创造了这么多精神财富，它们主要的保存方式就是书籍，我们不去享受就太可惜了。对今天的青少年来说，这是一个严重的问题，新媒体的诱惑力太大，随时手机上网，看八卦，看快餐小说，聊天，如果有课余时间也都被占用了。我认为这只是在享用物质性的科技成果，不是在享用精神财富。也许没有什么好办法，只能引导，我相信好的书籍的魅力无穷，关键是要创造条件让他们感受到这个魅力，他们自己会做出比较的。

要让心灵丰富起来，还有一个重要途径是写作。我说的是那种为自己的写作，就是珍惜自己的经历，自己在经历中的感受和思考，如实地把它们记录和保存下来。这实际上就是写日记。如果说阅读是把人类创造的精神财富占为己有，那么，写日记就是把自己的外部经历变成内在财富。一个养成了写日记的习惯的人，他会感觉自己的人生是完整的，自己的心灵是完整的。

最好是从小就养成这个习惯，我自己是上小学就开始写的，从高一开始几乎天天写。从中学到大学，其实我只有两门主课，一个是读课外书，一个是写日记，课内的东西都不是我的主课。我特别提倡中学生写日记，而且不要对付，要很认真地写。不过，这需要时间，所以同样的问题发生了，现在的中学生既没有时间读课外书，也没有时间认真地写日记。和他们比，我真的觉得我们当年要幸福得多。

3.德育的目的：善良、高贵的灵魂

德育的目的是培育善良、高贵的灵魂，而不应该停留在规范的灌输上，甚至是意识形态的灌输上。要抓住道德的根本，道德教育在根本上是灵魂教育。（略，参看本书中《道德的根本》一文。）

学校和教师的使命

如果说教育就是生长，那么，学校的使命就是为生长提供一个良好的环境。这个良好的环境，我认为主要是两个方面。第一个方面是自由时间，要给学生留出足够的自由时间，可以发展自己的个性和兴趣。现在的应试教育，基本上把学生的全部时间都占了，学生完全没有自己可支配的时间，这对生长是最不利的。在应试教育的大环境里，学校和老师也没有办法，但我想总还可以尽量为孩子们创造一个比较好的小环境，要站在他们这一边，帮助他们向这个应试体制争自由。

第二个方面是好的老师。学校要为学生的生长提供好的环境，对于学生来说，最经常、最直接的环境是什么？就是教师。所以，我一直认为，衡量一个学校是不是好学校，不看硬件设备如何，名气多大，就看有没有好的校长和老师。什么样的算是好老师？我强调两条。第一，我们要让学生在智力、情感和道德上都生长得好，那么老师自己首先应该是这样的人，具备优良的精神素质，是智力活泼、心灵丰富、灵魂高贵的人。老师对学生不只是通过上课传授一些知识，最重要的影响是老师自己的素质和行为对学生的熏

陶。你看很多伟人和优秀人物，他们往往会回忆学生时代某个老师对他的影响，心智优秀的老师对学生的影响是一辈子的，永远不会忘记。所以，真正重视素质教育，对老师的要求一定是更高的。怀特海说过，大学教育的核心问题是要有一批心灵高贵、智力活跃的老师，由他们去影响学生。这样的老师会在学生周围形成一个磁场，在无形中发生作用，使他们对美好的心智生活心向往之，影响到他们的人生观和价值观。

这是一条，另外一条就是要爱学生，就像英国哲学家罗素说的，身为教师必须有博大的父母本能，把学生都当作自己的孩子，把学生看作目的而不是手段，一切都是为了学生。

我认识北京的一位中学校长，从他身上，我看到了在今天这个应试体制下，一个有良知、有识见的好校长会怎么做，应该怎么做。一方面，他对这个体制的弊端有清醒的认识，并且在老师和学生面前也不讳言，要他们保持警惕。他对全校老师说：在今天这个社会，最大的弱势群体其实是被考试和作业夺去了无数黑夜与白天的孩子们，我们虽然无法破解体制造成的这个困局，但是一定不要盲从和追风。他对全校学生说：你们是压力和年龄不匹配的一代人，从小升初开始就辗转于各种班的痛苦，父母的无助，学校的无力，一路走来，紧张、焦虑、茫然、无所适从，刚到十八岁已是一身沧桑了！他向他们规劝和呼吁：考不上理想大学算什么，不要把人看得太简单和渺小，只要你保有自我选择的勇气，就有一线生机让自己不成为众多的别人。孩子们，我们要一起合作！我看了他在校内不同场合的讲话稿，这样的内容很多，非常坦诚，用意是帮助学生在无法改变的应试体制面前保持内在的自由。

另一方面，在教育实践中，他的目标是最大限度地减轻应试体制的危害，为学生拓宽外在的自由。他要求老师尽可能智慧地工作，少占用学生的时间，说这是为孩子们其实也是为自己找回属于人的基本权利。这个话说得非常好，其实怀特海也说过类似的话，他说高明的老师是什么样的？就是善于清楚地确定学生必须精确掌握的知识，这样就不必勉强学生在次要的东西上花费大量精力了。当然，关键在于老师有没有这个水平。事实上，在应试体制下追风是最省力的，要抵御它的弊端就非常艰难，既需要勇气，也需要真本事。这位校长采取了许多措施，比如分数不排名，以减弱应试上的竞争。这样做的结果，学校在高考成绩上也许会稍受影响，其实成绩也不差，只是比某些全力应试的学校略微差一点，但是他说，他无意和那些顶级名校攀比，而是立足于人的全面教育，如果要在名气和明亮之间选择，他毫不犹豫地选择后者，全力打造一所照亮学生内心的学校。

我相信，他所做的是一个好校长在今天这个体制下所能做的最好的事，而这样的事，你们都可以做。

［现场互动选摘］

问：记得您曾经说过，教育种种弊端的症结在于高考，因此主张废除高考，采取自主招生的方式；现在这已经开始，可是教育的弊端并没有得到根本的改善，那么您是否会重新审视当时的判断？

答：我的看法没有变，仍然认为高考是现行教育体制弊端的症结。当然，高考不是孤立的问题。所谓高考就是全国统一命题，统一评分，按照分数录取学生，这种方式其实已经实行几十年了，最早是从苏联学来的。我在60年代的时候也经历过高考，可是为什么以前没有现在千军万马过独木桥、从小学开始就为之奋斗这样的情况？现在出现这样的情况，是和另两个弊端有关的。第一就是十几年来学校类型的单一化，职业学校萎缩，要解决就业问题就必须上大学，上大学成了解决就业问题的唯一途径，这就逼迫所有的孩子都必须走这条路了。这样一来，大学供不应求，于是就扩招，但是事实证明，这不但不能解决就业问题，就业反而更难了。其实原因很简单，就是社会需求量最大的职业人才断档，而大批大学生实际上既非精英人才，也非职业人才，成了多余的人。所以，必须调整教育结构，大力发展职业学校，大学不但不应该扩招，反而应该缩招，回归培养精英人才的本位。这就是说，要改变高考是就业独木桥的现状。第二个弊端，就是90年代后期以来教育资源的严重不平衡，以及在这个基础上的所谓教育产业化，实际上围绕高考已经形成了一个产业链，有许多个利益集团。从小学开始，围绕着小升初、初升高和最后的高考，现在高考也不是最后了，考研也纳入了，各种课外班、补习班、教辅等等，加上名校、重点学校的择校费，所有这些都是利用了家长们怕孩子在独木桥上掉队的心理。所以，必须改变教育资源严重不平衡的状况，那些资源优良的学校，至少要禁止它们办课外班和收择校费，让教育回归公益事业。高考最主要的弊端，第一是独木桥，第二是统一命题和判分，分数至上，一考定终身。如果废除了高考，那些靠押题取胜的各种班也就没有市场了，那些靠应试走红的所谓高考能校也就没有优势了。现在部分高校在搞一些自主招生的试验，但比例很小，只是非常小的改良，总体格局没有变。我认为最后的方向还是要像欧洲的大学那样，以自主招生为主，取消决定命运的全国统一考试。有人说自主招生有腐败怎么办，我说很好办，用法律来解决，健全法律、依法惩罚就是了。

问：我有一个小一点的问题。您谈到高贵的灵魂，我想问这高贵的灵魂是先天就有的，还是教育出来的？

答：我认为种子是先天的，发芽、开花、结果是后天的过程，与教育有关。就是孟子的说法，人有四端：恻隐之心，仁之端也；羞恶之心，义之端也；恭敬之心，礼之端也；是非之心，智之端也。仁义礼智是精神品德，这些品德在人性中都有萌芽，或者说种子，就是先天的同情心、羞耻心等等。

问：先天的种子是平等的，还是本来就有高贵和低贱之分呢？

答：也许不能用高低贵贱来说，那是一种社会的评价。但是我相信种子的品质是有区别的，后天的表现可能是向善或向恶的倾向，也可能是能量的大小，成大善大恶还是成小善小恶。从小生活环境相近，但精神生长悬殊，这是常见的现象，佛教用轮回来解释，我觉得有一定道理。

问：有三个没想到。第一没想到哲学家也平易近人，第二没想到我们的周教授还如此年轻，富有活力，你用恋爱的心情读书、写作，不仅女同志崇拜，也是我们男同胞的榜样。第三个没想到，你讲到教育的目的是优秀和幸福，和我的观点有类似之处，非常惊喜。关于教育的核心价值观，我提出一个概念，叫做幸福力的提升，包括四个方面，就是幸福的感受力、创造力、享受力和亲和力。我不是研究哲学和教育的专家，想请周老师评价或纠正我的意见。

答：我觉得我没有资格来评判和修正。（掌声）把幸福作为教育的核心价值观，细节还可以斟酌，我认为方向是对的。

问：我们反对说教式的意识形态教育，但是也不能回避人是有社会属性的，您说道德教育的目标是善良、高贵的灵魂，这和我们现在讲的社会道德包括公民教育是什么关系？

答：道德教育应该以人性为基础，公民教育同样如此。人性不是抽象的，一个同情心，一个做人的尊严，这两个东西丝毫不抽象。亚当•斯密说，最基本的社会道德有两个，第一是正义，第二是仁慈，而这两者都是建立在同情心基础上的。做人的尊严，自尊并且尊重他人，也是现代社会中公民觉悟的一个基础，有尊严观念才会有诚信，才会自觉地遵守公共规则。所以，我认为这里面不存在矛盾。

问：请教周老师三个问题。（1）灵魂是不是人和动物都拥有的？（2）是不是每个人都有灵魂？（3）灵魂的哲学解释和通俗解释有什么不同？

答：这是一个很好的问题，三个问题是一致的，就算一个问题了。灵魂这个概念的确有不同的用法。佛教讲轮回，轮回的主体不一定是灵魂，但也和灵魂差不多。六道轮回，主要在人和动物之间轮回，在这个意义上，动物也是有灵魂的，所以佛教主张善待动物，不可杀生。我从哲学角度讲的灵魂，是指精神追求，人不但要生存，而且要生存得有意义，是一种对意义的追求。这个意义上的灵魂，动物是没有的，动物只有生命的知觉，对环境的简单认知，没有达到精神的层次。基督教讲的灵魂，是指来自天国又回到天国的一种不死的精神实体，这个意义上的灵魂也是动物没有的。有没有不死的灵魂，我不知道，既不能证明也不能否定，有这个可能性。我的态度是宁信其有，相信它存在对人生是有好处的。按照灵魂不死这样的假设来生活，你就会更加看重灵魂的修炼和提高，把它放在物质生活之上，你的人生会更有格调。

基础教育和语文教学

讲座时间：2010 年 2 月 25 日

讲座地点：北京西城区教育局

今天在座的都是语文老师，我知道语文老师里面有很多我的知音，很多孩子告诉我，他们开始读我的书是因为语文老师的推荐和介绍。今天趁这个机会，我要向你们表示深深的感谢。（掌声）杨美俊老师给我出了两个题目，一个是让我谈谈对基础教育的看法，另外一个是谈谈对语文教学的看法。我就谈这两个问题，在这之前先谈谈我对教育的一般看法。

我的教育观

前几天黑龙江卫视做一个节目，主持人问我，你这个人没有当过老师，教学经验一点都没有，可是出了一本《周国平论教育》，你怎么论教育呢？我就说，虽然我没有当过老师，但是当过学生啊，对老师教得好不好是有切身感受的。我还是一个父亲，在孩子的教育上多少有点体会吧，作为家长对学校的教育情况也有所了解吧。不过，我的一个主要角度是哲学。我是研究哲学的，我认为哲学与教育是相通的，做人的道理与教人的道理是一致的，人生中最值得追求的东西，理应是教育上最应该让学生得到的东西。如果说哲学思考人生的价值，那么，教育就是要帮助学生实现人生的价值。

人生中最值得追求的东西，概括起来说是两个，一个是优秀，一个是幸福。教育的目标是什么？一个人在受教育以后要达到一个什么样的状态？就是要让他成为一个优秀的人，拥有一个幸福的人生。怎么达到这个目标呢？我赞同杜威的观点，教育就是生长，就是要让人固有的精神禀赋得到良好的生长。生长得好了，就是优秀，同时也就具备了自己去争取幸福的能力。精神禀赋包括智力、情感和道德，三方面生长得好，加上身体健康，就是一个全面发展的人，一个在人性的意义上优秀的人。这是教育的目标。我主张在目标上只做抽象的定向，不要太具体，一具体就会功利，比如把目标定在升学、就业之类，这样会损失掉许多重要的东西。一个人只要真正优秀，他到了一定的环境中，自然会有适合于那个环境的作为的。

（略，参看本书中《教育的目的》一文）

基础教育

在基础教育阶段，智育的主要任务是两个，一是培育良好的一般智力品质，二是牢固掌握基础知识。

我一向认为，最重要的智力品质是好奇心和独立思考的能力。具体到学习上，好奇心表现为对知识的强烈兴趣，喜欢学习，独立思考表现为钻研和探索的能力，能够自主学习。在小学和中学阶段，首先应该让学生喜欢学习，感受到智力活动的快乐，这是教育成败的第一条标准。如果学生把学习看作一件痛苦的事情，对知识没有兴趣，我们就应该判定这个教育已经是失败了。对知识没有兴趣，学习没有了内在动力，基本上就完蛋了，不可能有进一步的发展。喜欢学习是前提，在这个基础上，培养学生初步具备自主学习的能力，发挥主动性，有一定的自学能力。学习是一辈子的事情，不要说小学和中学，大学也只是一个开端，以后日子长了。我自己体会，真正大量学到东西，是走出校门以后的事情，是靠自学，但是中学和大学打基础很重要，我在学校阶段最大的收获是学会了自学，知道怎么自己安排自己的学习。

一个人智力生活始终处于活跃的状态，才能真正有所作为。这是一种内在的自由，教育的任务就是培育内在的自由，让人们爱动脑筋，善动脑筋，能够独立思考，有精神追求。对于一个国家来说，如果人们普遍具有这种内在自由，这个国家就大有希望。一个国家也应该有外在自由，就是政治自由、民主政治，但是，在很大程度上，只有具有内在自由的人多了，这个外在自由才可能实现，才是可靠的。所以，教育状况实际上影响到一个国家的政治状况，其作用不可小看。

外在自由还有一个含义，就是自由时间，也就是一个人可以自由支配的时间。在教育中，这个意义上的外在自由对于培育内在自由就非常重要了，是不可缺少的环境条件。所以，不可以把课程排得太满，要让学生有自由时间。现在的中小学生都那么忙，全部时间被功课和作业占据，我女儿现在上小学，回家后的时间基本用来做作业，我想上中学一定会更忙。需要这样吗？应该这样吗？我自己上中学的时候，有大量时间可以用来读课外书，现在的孩子基本上不可能了。我在这里大谈好奇心和独立思考，我自己觉得是一种讽刺，是在画饼充饥。在自由时间被剥夺殆尽的情况下，快乐和自主的学习无从谈起，学习成了让人疲于应付的繁忙事务，这当然是违背教育的本义的。

除了自由时间，学生成长还有一个重要的环境条件，就是教师。教师自己应该是具有内在自由的人，有活泼的智力生活，在他们的引导和熏陶下，学生最容易也成为这样的人。教师当然要传授知识，但是更重要的作用是育人，就是用你的人格、你的优良心智去影响孩子们。熏陶是不教之教，好的素质是熏陶出来的，你没有刻意去教，但是实际上起的效果是最好的，是最有效又似乎最省力的教育，好像没有费什么力气，实际上最有效。事实上，如果老师的素质足够好，即使在应试体制下，他们也会努力实施素质教育，找窍门对付应试，尽量少花时间，为孩子们争取更多的自由时间。

上面我讲的是一般智力品质的培育。毫无疑问，在基础教育阶段，掌握基础知识也非常重要。事实上，在智力教育的问题上，最艰难的就是中学，中学是矛盾的焦点。英国哲学家怀特海有一个观点，他说智力发展是分阶段的。从幼儿期到小学是一个阶段，他称之为浪漫阶段，特点是自由，对孩子不要给负担，就是好玩，让他们在游戏中学习，以趣味性为主。然后是中学阶段，他称之为精确阶段，相对来说，知识的接受比小学时重要，甚至比大学阶段重要，要精确地掌握，打基础要扎实，这个阶段自由不是主旋律，自由要服从于纪律。到了大学阶段，是综合运用阶段，自由又成为主旋律了，他说学生们在中学阶段伏案于课业，进大学后就要站起来环顾世界了。现在大学生也比中学生自由得多，不过他们不是环顾世界，而是谈恋爱和玩电脑游戏。中学里太紧张了，好不容易熬过去了，要好好轻松一下了。

按照怀特海的说法，小学是自由，大学也是自由，唯独中学是自由服从于纪律，要强调纪律。这是有道理的，原因就在于中学是学习基础知识的阶段，为了精确地、牢固地掌握基础知识，不得不花很多时间，这是必要的。中学生是最累的，即使不是应试教育，情况也是如此。但是，如果我们把重点放在素质教育上，使得学生真正热爱学习，热爱智力生活，觉得学习是快乐的事情，有了内在的动力，学习基础知识一定会更容易。所以，培养一般智力品质和精确掌握基础知识并不矛盾。

怀特海说，中学里完美的教育是使得纪律成为自由选择的结果，也就是说，中学是打基础的时候，功课要扎实，基本的科目一样少不了，学习任务最繁重，这个时候必须有纪律，但是要让学生乐于遵守这种纪律，而不是靠强迫。这就要看老师的本事了，这个本事包括课程安排的水平、授课的艺术等，善于让孩子们对必须学的知识产生浓厚的兴趣。这是很高的要求，我觉得当中学老师要比当大学老师难多了，大学老师自己编教材，可以比较自由洒脱，中学老师必须用统一教材，又要教出水平来，是戴着镣铐跳舞。

中学阶段开了许多基础课程，主要是数理化和文史哲两大类，这些课程大抵是必要的，是要让孩子们对于人类知识的范围有一个基本的了解，就好像有了一张知识地图。有了这张地图以后，可以胸中有数，逐渐明确自己对哪个领域感兴趣，想去哪个地方旅游乃至定居，不会盲目地选择。中学阶段应该对人类知识的基本状况有一个了解，在这个基础上，初步形成自己的兴趣方向，为上大学选择专业做准备。同时，基础知识学习也是基本素质的训练。数理化是思维的训练，尤其数学，对于训练逻辑思维特别有益。我在中学时酷爱数学，解题其乐无穷，我自己感觉对我后来学哲学也大有帮助。文史哲是人文的熏陶和修养，即使你以后学理工科，也是不可缺少的。

语文教学

在整个基础教育阶段，语文都是主课。语文课应该培养什么？我认为主要是两个东西，一是心灵的感受能力，二是语言的表达能力。

语文教学不只是教读和写，它应该也是情感教育，心灵教育，是人文熏陶，要培育学生的感受能力，拥有丰富的心灵，这是更重要的目标。德智体三育中的美育，实际上主要是通过语文教学进行的。明确了这一点，你教学就不会局限于语法之类了。

泰戈尔说过，如果他小时候没有听过童话故事，没有看过《鲁宾逊漂流记》和《一千零一夜》，现在他眼中的世界就不会这么美好。他说的其实也是语文学习应该有的效果。一个人的内心受过文学的熏陶，被文学敞开了，和那些没有受过熏陶的人相比，他眼中的世界是完全不一样的。许多人对于自然的美、艺术的美、文化的美是没有任何感觉的，他这一辈子多可怜啊，人生最美好的东西没有享受到。物质上吃亏我们都很在乎，斤斤计较，其实精神上吃亏损失更大，最可悲的是自己还不知道。

当然，语文教学不只是心灵教育，你内心有了丰富的感受，还要能够表达出来，语文课还应该教你如何准确地表达。我们从小使用母语，在语文课上，我们要学习准确地使用母语，这是一种基本功。尼采非常重视母语学习在全部教育中的意义，他说母语是真正的教育由之开始的最重要、最直接的对象，良好的母语训练是一切后续教育工作的基础。事实上，不管学生上大学后学什么专业，一个基本要求是能够正确地读、想和写，而这种正确性正是通过中学语文课打下基础的。

具体怎么教，我也说不好，我没有当过语文老师，但是我当过学生，我可以说一说作为学生的体会。我在语文学习上应该说是基本过关的，现在有一定的写作能力，我的体会是，对于我的写作起最大作用的是两个东西，一个是大量阅读，一个是勤于动笔。从中学到大学，实际上我的主课是两门，一个是看课外书，另一个是写日记，大量时间都花在了这两件事上，真正课内花的时间很少。回想起来，如果说我的语文水平真正有所提高，主要是通过这两件事。当然，语文课也有作用，但是，如果没有这两个爱好，我相信语文课对我的作用就会非常有限。

这给了我一个启发。语文课上教的是课内的阅读和写作，就是赏析课文和写作文，但是目的不在这些课文和作文本身，而是为了培养学生对阅读的兴趣和能力，以及对写作的兴趣和能力。那么，功夫就不能只下在课内，课内只起一个引路的作用，学生的兴趣真正激发起来以后，他们也不会把自己限制在课内。所以，我就有一个标准，看这个语文老师的课上得好不好，我要看是不是有很多学生喜欢课外阅读和写作，如果形成了这样的氛围，这个班的普遍语文水平一定差不了。

从培养阅读的兴趣和能力来说，首先要有一定的阅读量，不能光是课文，提倡兴趣阅读，让每个学生一个学期读几本自己喜欢的书，十来本就更好。当然，这就要给学生时间。读完以后，鼓励他们写读书笔记，选择自己最有体会的书，这个笔记可以当作文交上来，真有体会就会写得不错的。增加阅读量还有一个办法，叫指导性的拓展阅读，是我前不久在苏州中学看到的。语文课本里面收录了很多作家的作品，他们的语文老师就根据自己的研究和学生的反馈，每个学期选择一个作家，很不好意思，上个学期选的是我，把这个作家的作品基本买齐，在阅览室里设专架，供学生自由借阅。同时，让每个学生自购这个作家的一本书。然后，在学期末，每人写一篇相关的读书笔记。我觉得这是一个好办法，当然不要选我的，应该选择更经典的作家，让学生对他的作品有比较系统的了解。这样六个学期下来，就有一定的积累了。

在兴趣阅读、拓展阅读之外，当然还必须有深度阅读。一般来说，用于深度阅读的是课文，就是选定的范文。范文应该是真正的好作品，选那些在文学上和精神内涵上都有质量的优秀作品。现行教材里的作品未必都是好作品，有的很平庸，有的意识形态色彩很浓，我认为语文教材是需要改革的。我主张多选经典作品，各民族都拥有优秀母语写作的传统，这个传统存在于本民族的经典作品之中，它们理应成为语文学习的主要范本。

在阅读过程中，最需要培养的是鉴赏力、判断力和理解力，有自己的真实感受和独立思考。这个东西怎么培养，很难有统一的方法，就看老师的水平了。你自己有这个水平，才能引导学生，也才能对学生的这些能力做出正确的判断。我只强调一点，对课文的理解一定不要用固定模式，不要有标准答案。我特别反对现在流行的范文分析方式，基本上都是分析主题思想，段落大意，摘出几段话来，让你分析这几个句子是什么含义，这种测试方式对真正提高阅读能力毫无益处。据我所知，我的文章经常被用于这种测试。有一次，我的一个朋友的孩子正上高中，她把这样一份卷子拿给我，是我的一篇文章，我记得是《人的高贵在于灵魂》，她让我自己做一下，然后按照标准答案给我打分。我得了 69 分，她很得意，她还得了 71 分呢。我真觉得可笑又可悲，一篇文章有什么标准答案？根本不存在标准答案。这种做法实际上是让学生按照固定的模式去揣摩，可能的答案是什么，这样做并不是让他们真正去理解课文，反而是阻碍了他自己的理解。

现代哲学有一个流派叫做解释学，代表人物是德国哲学家伽达默尔，他的主要著作是《真理与方法》，里面讲了解释学的基本原理，我给大家介绍一下。我们读一个文本，往往想知道它的原意是什么，伽达默尔就问，你用什么来判断原意？是用作者自己写作时的意图吗？第一作者自己也未必清楚，第二即使他自以为清楚，和写成的文本也是两回事，文本会偏离这个所谓原意。所以，作者的意图绝不能成为标准。

另一方面，你作为读者去读一个文本的时候，你不可能是脑子一片空白，你有自己在知识上和经验上的积累，你有自己对事物的理解，在哲学上叫做前理解。在读一个文本的时候，你不可避免地会带进你的前理解。而且，这还是你能够理解这个文本的前提，如果你把自己的积累全部抛开，脑子一片空白，那是什么也读不懂的。

根据这两个方面，伽达默尔提出一个概念，叫做视域融合。一方面，文本有它的一个视域，也就是文本自身的涵义，这个涵义并非清晰的，除了作者的表达外，还包含了在流传过程中人们加入的诸多理解和解释，你无法把它们精确地区分开来。另一方面，作为读者、接受者，你也有你的一个视域，就是你的前理解，由你以往的经历、阅读、体验、思考积累而成，对这个东西也是无法做精确分析的。那么，阅读的过程就是两个视域融合的过程，最后得出的东西既不是你的，也不是文本的，而是二者的融合。对一个文本根本不存在所谓绝对客观的理解，因为文本本身并不存在一个可以对应地把握的绝对客观的涵义。

不但文本是这样，现代哲学对世界、对一切事物都是这样看的。当你认识一个事物的时候，你必定会有一个角度，不可能有撇开任何角度的认识。比如说一张桌子，你可以从物理学的角度说它的材料是木头，形状是四个立柱上一个平面，质地是光滑的或粗糙的，也可以从用途说它是课桌或饭桌，只要你去说它，就一定是从某一个角度去说的，你无法说桌子本身是什么。对整个世界也是如此，在现代哲学看来，所谓世界的本来面目是什么，这是一个伪问题，伽达默尔的解释学正是以现代哲学的这个反本体论立场为大背景的。

通俗地说，理解一个文本是什么意思呢？就是你这个接受者在和文本对话，理解是一个对话的过程。好的理解就是有效的对话，一方面文本是好的文本，涵义丰富并且具有开放性，另一方面接受者是好的接受者，有足够的前理解，二者之间能够发生充分的相互作用，能够进行深入的、生动的、有内容的对话，二者的视域能够得到最大限度的融合。所以，现在谈理解一个文本，立足点已经不是要挖掘文本本来的涵义，而是强调文本和阅读者之间的互相作用。在这个过程中，文本的意义在增长，一个文本在流传过程中涵义越来越丰富了，已经超出作者写它的时候的涵义了。同时，接受者的精神也在生长，新吸取的营养也化为了他的血肉，也加入了他以后阅读别的文本时的前理解。总之，两方面都在生长，这是最有效的阅读。

用这个观点来看，对于同一篇范文，不同的学生是可以而且应该做出不同的理解的，因为每个学生的视域不同，得出的视域融合也就必然不同。所以，不应该让学生回答这篇范文或者其中某几句话本来的意思是什么这种问题，应该鼓励他们有自己的理解。当然不是可以乱说，标准是有独立思考，又能够言之成理。要考查学生对课文的理解，我认为最好的办法是写读后感，这应该成为一个主要的测试方式。对课文的理解程度如何，有没有收获，读后感最能说明问题。现在那种主题思想、段落大意的方式，最多是浅层次的理解，而且有标准答案，压制了独立思考。无论是阅读还是写作，我认为都应该最看重有没有真实感受和独立见解。

下面我说一说写作。要培养写作的兴趣和能力，关键是勤写，不能光靠写几篇作文。所以，我特别鼓励中学生写日记，从中学就养成这个习惯，对写作的好处太大。我从来没有刻意练习过写作，我的写作能力真的就是通过写日记练出来的。好文章首先要有真情实感，其实人人都有喜怒哀乐，都有真实的情绪和感受，但是，人们往往懒于捕捉和反省自己的真情实感，听任它们稍纵即逝，不留痕迹。因此，在写作的时候，就没有东西可写，就只好模仿和编造，这样当然写不出好文章。写日记是一个办法，它的作用实际上是督促你留心自己的真情实感，随时记录下来，同时也在反思。养成了这个习惯，也就积累了大量的好素材，真正写作的时候你就不愁没东西可写了。

当然，写日记要认真，不是记流水账。你珍惜自己的真实感受，就不但会勤快地记录，而且一定也会力求准确地表达它们，在寻求准确的表达的过程中，写作能力不知不觉就得到了提高。事实上，写日记的时候你是最自由的，没有任何条条框框，你是写给自己看的，你对自己不用说假话，你只是要表达自己的心情。在这种情况下，反而更容易产生一种好的表达，一种准确的而且有个性的表达，这本身就是锤炼语言艺术的过程。

当然，我的意思不是只让学生写日记，作文还是要写的。关于作文，我主张不命题作文的比例尽可能高一点，让学生写自己感兴趣的题目，写自己真正有体会的内容，然后把自己觉得满意的文章交上来。这实际上也是日记的一种形式，是公开的日记。也可以写一篇读书感想，看了一本书特别喜欢，就把这篇读后感当作作文。当然也要有一些命题作文，命题要宽泛一点，避免学生没有感觉而硬写。

不管命题还是不命题，在判卷子的时候，我强调不要太看重语句通顺与否，当然这是基本的要求，但不是最重要的要求，一篇文章并不因为语句通顺、结构完整就是一篇好文章了。一篇文章在这方面有一点毛病，但是有独特的感受、思考和表达，我认为更是一篇好文章。有水平的老师应该不拘一格，鼓励不同的闪光点。我看孩子的作文，有的真的是大师的表达，一般大人写不出来。这种闪光的，有个人风格的，蕴含着将来的文学风格的，这样的东西要看重，我当老师的话，会把这种东西挑出来大大地表扬，给他高分。语文课应该重点鼓励真正有文学的和精神的含量的东西，不要把语法的东西看得太重要，这是我的看法。（掌声）

［现场互动选摘］

问：我有个问题很困惑。我们看一篇文章觉得很假，看另外一篇文章觉得情感真实，但是这只是个人的一种判断，有什么根据？是否可以仅凭个人感觉来判断？

答：个人的感觉和视角是绕不过去的，也是排除不了的。即使你说出你的判断的根据，这个根据仍然是你的一种认识。但是，这不等于说没有标准了。每个人对自己身上的情感是有所了解的，如果根据这个了解来判断文章的真假，一般不会太离谱。当然，其中必有主观的因素，所以，你可以对学生说，这是我的判断，你们也可以有自己的判断。

问：您对教育理想的追求和现实会发生冲突，您怎么设计自己女儿的未来呢？

答：理想必定会和现实发生冲突，如果只是接受现实，要理想做什么？当然，有时候不得不对现实做某种妥协，但是，有了理想的指引，你会掌握好妥协的分寸，方向是明确的，只是方式会平和一些，步子会慢一些。对我的女儿的未来，我有一点很坚定，就是只做抽象的定向，不做具体的定位。也就是说，对于她将来上什么大学，从事什么职业，出不出国，有多大的成就，我完全不做设计。这些东西如果你去设计的话，第一很可能是空的、无用的，决定一个人的这种具体的未来的因素太多了，不是你支配得了的，何必瞎操心。我自己年轻的时候也从来不设计这种东西，没有想过将来要成为一个作家，要有一点成就或名气。第二如果我做具体的设计，甚至这样去要求她，实际上是对她的限制，很可能是一种错误的导向，如果她真正的能力不在这个方面，那我就害了她。但是我可以做抽象的定向，就是要让她生长得好，成为一个优秀的人，向这个方向努力。这是我可以做的，也应该做的。我相信这比具体的定位重要，真正优秀了，将来她做什么都不会太差吧。

问：我想请您推荐一些适合初中年龄段学生读的比较好的哲学书。

答：这样的书挺缺的，有一些翻译过来的，我觉得还不太理想。所以我想，我自己来写一本吧。（掌声）其实已经有很多人包括一些中学校长建议我做这件事，我自己也愿意，写一本给初高中的孩子们看的书，用通俗而生动的语言把哲学的基本问题和内容讲清楚。这是一个难度很大的工作，有水平的通俗著作其实是最难写的，我要好好做准备。

问：我不是西城区的老师，是海淀区的老师，今天来听您的讲座。这几天我非常痛苦，接受区里的一个任务，选一篇高中语文测试的文章。每天晚上我都花时间看您的文章，觉得很多文章都适合，阅读的过程像是一个恋爱的过程，非常浪漫、甜蜜和美好，但是当我陷入一个命题者角色的时候，我读文章时就陷入了一种婚姻的感觉。我就在想，我们的语文课必须对孩子做测试吗？如果不用这种方式，还有其他的办法对孩子做出评价吗？

答：是啊，你问得对。（笑声）我也不知道怎么办。要是我的话，就会比较简单化地处理，我就选一篇好文章，让孩子们每人也写一篇文章，用这篇文章和我所选的好文章进行对话，这就是在谈恋爱了，而不是陷入婚姻了。

问：在我自己学校里可以对学生用这样的方法，但是区里的统一测试就不可能了。我看您的《宝贝，宝贝》很有感触，我的孩子也非常聪明，他今年 11 岁，是个男孩，看书很多，大概已经有 150 本。现在他的困惑是作文，他写东西非常干净，都是干货，他说形容词是名词的敌人，但是在学校里从来没有得到过表扬，他的老师总是给他很多批语，教他怎么样写得生动。所以，他越来越不爱写作文，越来越没有信心。如果这种情况发生在您的孩子身上，您怎么办？

答：我会肯定他，因为从你说的推测，他应该是写得很好的。形容词是名词的敌人，这句话是叔本华说的，我很赞同。我也讨厌形容词，我觉得写文章质朴是一个很大的优点。我还会鼓励他多写，作文得不到好分数没关系，爸爸给你好分数。

问：我回去跟他说，哲学家周老师说你写得好。
答：你应该对他说，妈妈语文水平很高的，你要相信妈妈的判断。

问：我说应该是更准确一点，但是他相信您的判断。
答：那你就说，周老师和妈妈的看法一致。

漫谈教育

讲座时间：2010 年 4 月 25 日

讲座地点：江苏锡山中学

我本来是想，今天我不讲，主要用对话的方式，跟你们交流，这样更有意思。现在让我讲，我就先简单地说一些。大家看到这里放着我的一本新书，叫《宝贝，宝贝》，这本书是写我的女儿从出生到上小学这一段时间，我对她的生长的观察，包括智力和情感的生长，我的观察，我的感受，我的思考，是这样的一本书。在这本书里，贯穿了我对教育的看法，我就谈谈我对教育的看法。

我知道锡山中学是江苏的名校，你们是很幸运的，有一个懂人性、懂教育的教育家当校长，这在今天应试教育的大环境中不可多得。刚才在开会之前，唐校长告诉我，你们学校的座右铭是"大爱无疆，大智有道"，这两句话很精彩，把人性中最珍贵的东西，也就是教育最应该发扬的东西，很准确地点出来了。我的讲话也可以说是对这两句话的体会。

我没有当过老师，但是作为一个父亲，也承担着教育孩子的任务。当我教育孩子的时候，我应该看重什么？我就问自己，对于我自己，我最看重的是什么，我认为人生中最值得追求和珍惜的是什么，那个东西也就是我教育孩子的时候应该看重的东西。那么我想，无非是两个东西，一个是生命，一个是精神，从生命来说应该幸福，从精神来说应该优秀。所以，我教育孩子，目标应该是让她幸福和优秀。怎样才是优秀呢，就是有大爱和大智，爱和智是人必须具备的两个精神品质。从智来说，就是要有自由的头脑，有活泼的智力生活。从爱来说，就是要有真挚的情感，有丰富的心灵生活。同学们现在在上学，你们在学习的过程中，最要培育的就是智和爱的良好品质，成为智力优秀、情感饱满的人。

关于智力教育，我想强调一点，就是真正的智力教育并不是灌输一些知识，而是要让人的智力品质得到良好的生长。人的最重要的智力品质，一个是好奇心，对世界、对事物、对知识充满兴趣，研究学问也好，做事情也好，这是内在的动力，这个动力要足够强大，才会有成就。另一个是独立思考的能力，你有了好奇心，对某个问题有了兴趣，就要自己去寻找答案。这两个东西合起来说，就是从事智力活动的兴趣和能力。我看一个学生在智力教育上是否合格，就看他是不是具备了这个兴趣和能力。

一个人热爱智力生活，动脑筋本身就给他带来了极大的快乐，他对一个问题发生了兴趣，就把解决这个问题本身当作目的，沉浸在其中，别无所求，我觉得这是特别可贵的品性，我相信各个领域真正做出成就的都是这样的人。近代以来，欧洲就有许多这样的人，所以各个领域出了很多大师。我最近看到一个报道，俄罗斯数学家佩雷尔曼，他破解了庞加莱猜想，是一千年来数学界公认最难解的七个题目之一，就把成果公布在互联网上了。他不是发表在专业学术刊物上，不是拿去评奖，而是放到互联网上，让所有感兴趣的人共享。他从破解难题的过程中得到了最大的快乐，别的都无所谓了。事实上，2006年世界数学家大会授予他菲尔兹奖，相当于数学界的诺贝尔奖，最近克莱数学研究所授予他100万美元大奖，美国和俄国的大学争相用高薪聘请他，他都一概拒绝了。他对名利毫无兴趣，生活上极其简朴，陪老母租住在彼得堡的二居室里，他的屋子里只有一个桌子、一个凳子、一张床，坍陷的床垫还是老房客留下的。这样的人真是完全生活在精神世界里的，是科学领域里的圣徒。很遗憾，我们中国从近代以来没有出过真正的大师，有世界影响的大师，原因在什么地方？就是太功利，缺少以智力生活本身为最大快乐的人，缺少热爱智力生活这样一个氛围。

结合到学校里的教育，我觉得学生在受教育期间，最应该培养的是两个能力，一个是快乐学习的能力，另一个是自主学习的能力。学习本身就是快乐的，同时要做学习的主人，学会自己来安排自己的学习。简单地说，就是爱上学习，学会学习。人是一辈子要学习的，学校学习是为一辈子的学习打基础，这个基础就是喜欢学习并且具备了自学的能力。作为学生来说，你们只有在学校里做了自己学习的主人，将来才会有自己真正的事业，才能是自己事业的主人。知识分子是拥有智力活动的兴趣和习惯的人，如果一个人走出校门之后，他再也不学习了，再也不动脑筋了，就是过日子了，他就是一个庸人，他不是知识分子。

怎样算是做学习的主人，爱因斯坦是最好的例子。他去世前一个月的时候，应约写了一篇文章，纪念母校成立九十周年。他上的是瑞士的苏黎世理工大学，他不像某些人，一写纪念文章就吹捧母校，而是批评母校。他说当年入学的时候，我马上发现我不可能成为一个好学生，因为成一个好学生就意味着上课要认真听讲，要认真做作业，要应付考试，要写规定的论文，他说我做不到，所以就下决心满足于做一个中等成绩的学生，把时间节省下来，在自己家里向理论物理学的大师们学习。他事实上就是这么做的，上课就对付一下，大量的时间自学。毕业的时候，他也没有留校，其实当时最好的出路是留校，可以搞研究，但是因为他对功课只是应付，他的导师不喜欢他，就没留成。后来他说，幸亏没有留校，因为留校就意味着要参加评职称，为此必须写那些符合规定的论文，结果我就会变得平庸。你们要知道，现在我们的大学里，评职称也是很重要的事情，关系到一个人的前途，结果的确产生了许多平庸的论文和平庸的学者。爱因斯坦毕业以后干什么呢？他找不到工作，想做代课老师，登了一个广告，他一辈子就登过这一个广告，广告上说他毕业于什么学校，现在想做家庭教师，结果也没有人聘请他。最后通过他一个朋友介绍，在一个专利局当了一个普通的公务员，一干就是八年，处理一些杂务。但恰恰就在这段时间里，他用业余时间搞他的理论物理学，有了一系列重大发现，最著名的是狭义相对论，成了顶级大师，牛顿以后最伟大的物理学家。1905 年被称为是爱因斯坦年，有趣的是这个时候的爱因斯坦不是专业物理学家，而是一个公务员。当然他是天才，我们没法和他比，但是做自己学习的主人这一点适用于每一个学生，你可以尽你的天赋之所能做得最好。

我上面讲的实际上就是大智有道，智力教育要从大处着眼，抓住根本，这个根本就是培养智力活动的兴趣、习惯和能力。用爱因斯坦的话来说，就是培养内在的自由，你有一个自由的头脑，具备独立思考的能力。这样的智力教育才是大器的，才是大智有道，而不是停留于具体的专业知识和职业技能。

下面我讲大爱无疆，就是情感教育、心灵教育。我们通常所说的美育，从对象来说是美的教育，要学会欣赏自然的美、文化的美、艺术的美，从主体来说就是爱的教育，亦即情感教育、心灵教育，要有丰富的心灵，有广大而深刻的情感体验。爱还有一个涵义，就是人与人之间的同情心，属于德育的范畴，我今天不讲。这么说来，的确是大爱无疆，情感生活的领域无比辽阔，有大爱的人爱人生，爱世界，爱一切众生。

那么一个人怎么样才能有丰富的心灵生活呢？根据我的经验，我觉得有两种习惯对我帮助特别大，一个是写日记，一个是博览群书。你们看我为孩子写了这么厚的一本书，在我出版的书里，这本书是字数最多的。如果光是凭记忆的话，我肯定写不出来，我是根据我的日记写的。我一直有写日记的习惯，孩子出生以后，我的日记就很自然地围绕她来写了。我始终认为，一个人的生活经历是最宝贵的财富，而且这是一笔仅仅属于你的财富。不管经历的是快乐还是痛苦，顺利也好，挫折也好，遇到的人或喜欢，或厌恶，这些都会掀起你内心的波澜，如果你是一个有心人，它们都可以成为你的财富，而写日记就是把外在经历转化成内在财富的一个方法。通过写日记，你反思你的经历，以经历为素材，你去认识世界和感悟人生。

从中学到大学，我的主课可以说只是两门课，一门是看课外书，一门就是写日记，我写日记可认真了，每天背了书包到阅览室里，拿出日记本，一写就是两三个小时，一写就是好几页。很可惜，后来都烧掉了。那是"文化大革命"的时候，有两个原因，一个是学校里抄家成风，很多同学的日记被抄出来，写成大字报公布，扣上反动学生的帽子，在大字报前面批斗。如果我的日记被抄出来，一定是反动日记，那时候有独立思考就是反动，你没法说理。另一个原因是我最好的朋友郭世英自杀了，也可能是被害，我特别绝望，我的日记里写了许多我们交往的情况，那时候我觉得生活没意思了，人生到此为止了，我用日记为他殉葬，抱着这样的心情，我把日记全烧掉了。后来后悔啊，多少次痛哭，哭我的人生中最美好的时光，我的青少年时代就这样消失了，没有留下任何文字。不过，后来我忍不住又开始写，一直到现在，写日记的习惯保留下来了。

面对中学生，我总是劝你们养成写日记的习惯，写私密的日记，不是作为作文，就给你自己看，也不要给父母看，锁起来。写作最重要的是要有真情实感，面对自己的情感要诚实，对于我来说，这种诚实就是通过写日记培养出来的。我后来成为了一个作家，写了很多东西，但是我自己最珍惜的仍然是我为自己写的这些日记，它们是最真实的。成了作家以后，面向社会，面向读者，就有可能变得不诚实。尽管我非常警惕，但是我看自己的作品，真的觉得是在退步啊，这令我惭愧。

另一点是养成读书的习惯，这也是让自己心灵丰富的重要途径。尤其是今天，互联网非常发达，特别要强调这一点。我估计你们中也有染上网瘾的人，有吗？但愿很少。现在很多人上网，无非是做几个事情。一个是看八卦新闻，你看这么多八卦新闻有什么用啊，某某明星怎么样了，和你有什么关系，对你的生活起什么作用啊，看了以后你的精神能生长得好一点吗？不管上网也好，读书也好，你要有一个标准，就是对你的精神生长有没有益处，能不能带来精神上的愉悦。如果只是消遣，有些谈资，人家说的时候你也能插上一嘴，这有什么意思啊，浅薄得很。

还有就是玩游戏，或者聊天，我觉得完全是浪费时间，很可悲的。现在人人都有手机、电脑，我经常在飞机和火车上看到，西装革履的人，带着一个笔记本电脑，打开来忙碌着。我心中很佩服，这个人真是抓紧时间，在旅途上还学习和工作，可是悄悄一看，原来是在玩游戏，或者看无聊电影。我出门是不带电脑的，觉得太重，就背一个小包，里面放几张纸，随时想到什么就记下来，还有就是一两本书。你看欧洲，那里的人哪怕是乘地铁，普遍的就是拿着一本书，在那里安静地看。在国外的公共场所，阅读真是一道风景。你到公园里，看见长椅上坐着一个姑娘，安静地看书，多美啊！我们中国人在公共场所干什么？现在到国外旅游的人越来越多了，等候飞机的时候，聚在一起打扑克牌，或者大声喧哗，那个时候，我感到无地自容啊，为自己是中国人惭愧。

我希望从你们开始，不再有这种情况，不给中国人丢脸，要为中国人争光。那么，从在学校里开始，就要养成读书的爱好。每个人喜欢读什么书，是和个性和兴趣有关的，不可能一律，但是品位一定要高，一定要读好书。

好，我就说到这里。

［现场互动选摘］

问：周伯伯好。以前在我的印象里面，讲座是一件很无聊的事，但是，听了您的讲座之后，感觉这个机会对于我非常宝贵，因为它给我带来了很多思考。我记得有一天晚上，我和我的上铺同学花了不知道多少时间，谈到深夜。我们谈的是，我认为世界是唯物的，他认为是唯心的，我们都尝试去说服对方，但是谁也说服不了谁。我就想问一下，这个世界到底是唯物的还是唯心的？

答：你们两个谁都说服不了对方，我认为是当然的。唯物主义和唯心主义，二者在理论上是没有办法驳倒对方的。为什么呢？因为世界的本质到底是物质的还是精神的，宇宙完全是一个物质的存在，还是有一个精神性的本质，比如说有一个上帝，这个问题是超出我们经验范围的，既没有办法证明，也没有办法证伪。所以，最后就是一个信念的问题，而不是理论上正确与否的问题。不过，我想告诉你，争论这个问题其实没什么意思，你应该具体地去了解那些重要哲学家的思想，这才有意思，不管他被我们的教科书贴上了唯物主义的标签，还是唯心主义的标签。一个哲学家对人类思想的贡献大小，和他被贴上什么标签无关。我认为，你们热衷于争论这种问题，本身就是受了我们的教科书的误导，是盲人摸象式的争论。

问：您刚才讲到好奇心的重要，您对您女儿的教育确实很用心，所以我想问，父母怎样教育孩子才能引导孩子保持好奇心？我们现在的课程排得有点满，学生根本没有自我发展的空间，所以我挺困惑的。

答：回想起来，在我女儿小时候，我从来没有刻意去做智力教育，我主要做的事情是什么呢？孩子天生就有好奇心，会提很多问题，我是一个细心的父亲，会留心听她提的问题，然后对那些提得好的问题，我会鼓励她，和她讨论。实际上，你和孩子讨论她所感兴趣的问题，这个过程本身就是一个最自然的智力教育，让她感受到了思考的乐趣。关于课程太满了，这个我就没有什么办法了，作为家长，我无法为孩子减负，只能做到不再给她加负。我起码做到了一点，不让女儿参加任何课外班，她现在快小学毕业了，没有上过任何课外班，这在他们学校里是绝无仅有的。面对学校现在的情况，我只能寄希望于有见识的校长和老师，一定要为孩子们争取自由的空间，尽量用最少的时间有效地对付应试教育。你们是带着镣铐跳舞，希望你们跳得好一点。

问：我是作为无锡教育网的博友来参加这个活动的，想问一个关于普及哲学教育的问题。过去我们也学过一些哲学，知道哲学是阶级斗争的武器，是认识世界和改造世界的武器，是人必需的一种精神武器，非常重要，所以我想请问周先生，作为一个哲学家，如何来普及哲学教育，尤其在青少年当中应该怎么做？

答：我不太同意说哲学是认识世界和改造世界的武器，当然更不同意说是阶级斗争的武器。哲学根本就不是武器，反而是要你放下武器，和世界进行和平的对话。真正的哲学是要让你爱智慧，去思考世界和人生的根本问题。普及哲学教育，首先应该让人们对哲学形成一个正确的概念，现在的教材恰恰相反，学完了还不知道哲学究竟是什么，甚至误以为哲学只是一些教条。所以，第一件要做的事情，就是对从中学到大学的哲学基础课教学进行改革，教材必须重写，编出真正能够传递哲学正确概念的教材。我认为最好的办法是精选哲学家的原著，有一个大的框架，按照问题来精选相关的内容。我自己就是通过读大师们的著作，才对哲学是什么形成了一个比较清楚的概念。

问：我是一名中学语文老师，而且非常惭愧的是，也是一个经常把您的文章肢解开来做成阅读理解题的老师。当然我知道，这不是我的错，更不是您的错。作为一名哲学家、作家，我想至少在语文学习方面，用我们现在一般的评价标准来看，您应该是一个语文学习很好的人。所以我想问的是，在您的学生阶段，您的语文学习成绩到底如何？第二个问题是，在您的印象当中，有没有哪个语文老师给您留下了比较深刻的印象？最后我想问的就是，在学生的语文学习中，乃至在他个人成长的过程中，语文老师应该发挥怎样的作用？

答：问题提得很好。我的语文成绩，小学的时候很一般，初中的时候在班里算最好的，高中的时候是最好的两个学生之一。我印象很深的是，高中的语文老师经常会把我和另一个同学的作文作为范文在班上宣讲，说那个同学作文好在什么地方呢？语法非常准确，结构非常完整。我的好在哪里呢？有自己独特的见解。我觉得他还是抓得挺准的。这位语文老师姓钱，他鼓励我在作文中有感而发，表达自己的独立见解，这对我以后的写作是有好的影响的。除他之外，初中的时候，语文老师姓王，同时是班主任，他是最早鼓励我课外写作的人。说来好笑，那个时候政治空气很浓，"大跃进"啊，他争取入党，就写歌颂"大跃进"的打油诗，也发动全班同学来写，办壁报，我是写得最多的，也是他认为写得最好的。这几乎就是我课外文学创作的开头，如果日记不算的话，专门搞创作，还真是一个开头，起点很低啊。当时上海举办中学生红旗奖章读书活动，也是在他的鼓励下，我开始写读书心得，这可以算是我课外写论说文的开头。我觉得语文老师在学生的成长中起很大的作用，不过应该广义地来看语文学习，一个好的语文老师，他自己一定是一个有人文素养的人，喜欢读书和写作，对母语怀有激情，那么在他的感染下，就会有比较多的学生也产生这种激情，喜欢阅读和写作。这个作用就不仅仅是语文成绩好了，更重要的是拥有一个丰富的心灵。当然，语文老师的水平很不一样，有没有好的影响，影响的大小，是因人而异的。

问：现在职业高中的学生比大学文科的学生更加受到企业单位的青睐，他们就业的机会更加多，这是为什么呢？还有，在今天这个会场内，带教科书和教辅来的人不在少数，您作为一个教授，除了演讲之外，还有没有别的什么方式可以改变一下这个现象呢？

答：真的吗？我没看见啊。请没有带教科书和教辅来的同学举手。（多数同学举手）还是大部分没带嘛。带了也没关系，他们并没有在会场上看。你说的学生就业问题，我觉得不难解释，其实是暴露了我们的教育结构的毛病。正常的情况应该是逐级分流，我记得以前就是这样的：小学毕业后，一部分人上初中，一部分人上技校；初中毕业后，一部分人上高中，一部分人上中专；高中毕业后，一部分人上大学，一部分人上大专。这是一个分层次、多流向的结构。最近十几年来，这个结构被打乱了，职业学校萎缩，中专升格为大专，大专升格为大学，然后大学就拼命扩招，实际上把本来由各级职业学校承担的培养不同职业人才的任务给取消了。职业学校所剩无几，毕业生供不应求，当然好就业。现在大学生是最尴尬的，数量巨大，既没有职业技能，又成不了精英，高不成低不就，不，不是低不就，是高不成低也不成，就业当然困难。所以，唯一的解决办法是回归逐级分流的教育结构，这是最合理的。职业学校的培养目标是就业，大学不应该这样，上大学的人应该是相对少数，大学培养的是从事科学研究和文化创造的精英人才。现在的情况是职业人才和精英人才都缺，双输。

问：我是高一学生，记得您说过您对平面几何非常感兴趣，同时您现在还能给女儿辅导数学，可以看出您的数学成绩非常不错。所以我想问您，为什么会走上哲学的道路呢？您对高一学生的分科有什么建议？请谈谈您的中学生活。

答：从初中到高中，我的确非常喜欢数学，成绩也很好，一直担任数学课代表。我们当时是到高三才开始分科复习的，我报了文科，参加文科的复习。在这之后，上海举行中学生数学竞赛，学校里先举行初赛，我很冒失地去参加了。那个时候，人家已经复习了半年，而我很久没有碰数学了，竟然还入选了，可是这给我带来了麻烦。因为上海中学非常重视数理化，数学好的人多的是，全校14个毕业班，每个班50人，选拔出来参加县区一级数学竞赛的名额只有十几个，被我占了一个。我只是侥幸胜出，非常想把名额转给别的同学，但是不允许，结果到了考场，那些习题真的很难，我看了一遍卷子，一道题都不会做，第一个交卷，浪费了一个名额。你问我为什么走上了哲学的路，说来好笑，我高中最喜欢的科目是数学和语文，报志愿的时候就很犯难，文理都不想放。毛主席有一句话：哲学是自然科学和社会科学的概括和总结。毛主席的话指引了我，我就报了哲学，心想这样数学和文学都不会丢了。后来我发现我是歪打正着，走对门了，走进了一个我真正喜欢的领域。关于分科，你们现在高一就分科，我觉得太早了。高中阶段还是应该把文理两方面的基础打得扎实一些，使得今后学理工科的学生也具备较好的人文素养，学文科的学生也具备一定的自然科学基础。同时，真正明确自己喜欢哪个方向，这是需要时间的，分得太早，许多学生可能并不知道自己的兴趣在哪里，就糊里糊涂地选了科。我认为高三开始分科比较合理。你们这么早分，基本上是为了应试，几乎把整个高中阶段都用来为高考做准备了。

问：您自信吗？您是如何看待自己以前的同学的？

答：我不是一个自信的人，甚至可以说是一个自卑的人。在一些公共场合，比如说参加什么讨论会的时候，我肯定是那个坐在角落里的人，生怕让我发言，因为我觉得自己说不出什么有价值的话，非常怯场，而别人往往很自信，说得头头是道。不过，后来这种场合经历多了，发现好多人激情满怀说的多半是一些老生常谈，也就觉得自己没必要那么自卑了。你说我以前的同学，我不知道你指的是哪一段，如果是指北大哲学系那一段，我想多数人的追求和我是不同的。那时候哲学就是意识形态，许多同学上哲学系是为了走仕途，后来的确也走了仕途。上帝是公平的，你看重什么，追求什么，最后就可能得到什么。人各有志，只要自己满意就好。

问：我相信您有一颗细致敏感的心，我想请教您交友应该注意些什么？

答：你一定在交友中遇到了问题，能不能具体地说一下？

问：我有一个朋友，开始时觉得特别合得来，后来发现不是这么回事，就分手了，我为此很伤心。

答：其实这很正常，说明开始的时候你们互相并不了解嘛。西方有一句谚语说：我们因为不了解而走到一起，因为了解而分手。当然，如果总是出现这种情况，你就应该反省一下了，开始时是不是太轻率，后来是不是太苛求。年轻人交友容易这样，开始时把友谊想得很完美，然后就用这个完美的标准去要求友谊，结果一定出问题。在友谊中，不能没有宽容，要尊重双方的差异。

问：在您的《爱情的容量》这本书中，您阐述了对女性的观点，您这样描述：女人只有一个野心，骨子里总把爱和生儿育女视为人生最重大的事情；一个女人才华再高，成就再大，如果她不肯做一个温柔的情人，体贴的妻子，慈爱的母亲，她给我的美感就要大打折扣。现在女性的独立已经得到了越来越多的重视，而您认为女强人在生活中很孤独，不幸福，但是我认为，她们自己也许并不这样觉得，因为她们的价值观中独立是第一位的，她们因此实现了自己的人生价值。如果让她们回归家庭的话，她们也许会觉得更累。这样的女性现在越来越多了，这是一个不可回避的问题。您认为这种重事业、重独立、轻家庭的女性一定是有缺憾的吗？

答：价值观是非常个人化的，因人而异，千差万别，每个人都有自己的选择，不能强求一律。我说的只是我自己的价值观，如果我遇见这种和我价值观完全不同的女人，只要事业、不顾家庭，反正我是不喜欢的，会觉得她不可爱。我也想问你一下，为什么一定要非此即彼呢？为什么不能家庭和事业兼顾呢？

图书在版编目（CIP）数据

周国平论教育. 2，传承高贵 / 周国平著 . —上海：华东师范大学出版社，
2014.12

ISBN 978－7－5675－2834－5

Ⅰ.①周... Ⅱ.①周... Ⅲ.①教育—随笔—中国—文集 Ⅳ.① G52-53

中国版本图书馆 CIP 数据核字（2014）第 296285 号

大夏书系·名家谈教育

周国平论教育2：传承高贵

著　　者	周国平	
策划编辑	朱永通	
审读编辑	朱　颖	
封面设计	奇文云海·设计顾问	
责任印制	殷艳红	

出版发行 华东师范大学出版社
社　　址 上海市中山北路 3663 号　邮编　200062
网　　址 www.ecnupress.com.cn
电　　话 021－60821666　行政传真　021－62572105
客服电话 021－62865537
邮购电话 021－62869887　地址　上海市中山北路 3663 号华东师范大学校内先锋路口
网　　店 http://hdsdcbs.tmall.com

印 刷 者 北京密兴印刷有限公司
开　　本 700×1000　16 开
插　　页 1
印　　张 13:5
字　　数 190 千字
版　　次 2015 年 2 月第一版
印　　次 2018 年 5 月第五次
印　　数 18 101 — 22 100
书　　号 ISBN 978－7－5675－2834－5/G·7781
定　　价 39.80 元

出版人 王　焰

（如发现本版图书有印订质量问题，请寄回本社市场部调换或电话 021-62865537 联系）